나만의 여행을 찾다보면 빛나는 순간을 발견한다.

잠깐 시간을 좀 멈춰봐.
잠깐 일상을 떠나 인생의 추억을 남겨보자.
후회없는 여행이 되도록
순간이 영원하도록
Dreams come true.

**Right here,
세상 저 끝까지 가보게**

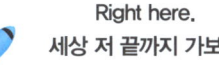
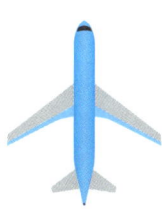

New normal

뉴 노멀^{New normal} 이란?

흑사병이 창궐하면서 교회의 힘이 약화되면서 중세는 끝이 나고, 르네상스를 주도했던 두 도시, 시에나(왼쪽)와 피렌체(오른쪽)의 경쟁은 피렌체의 승리로 끝이 났다. 뉴 노멀 시대가 도래하면 새로운 시대에 누가 빨리 적응하느냐에 따라 운명을 가르게 된다.

전 세계는 코로나19 전과 후로 나뉜다고 해도 누구나 인정할 만큼 사람들의 생각은 많이 변했다. 이제 코로나 바이러스가 전 세계로 퍼진 상황과 코로나 바이러스를 극복하는 인간의 과정을 새로운 일상으로 받아들여야 하는 뉴 노멀New normal 시대가 왔다.

'뉴 노멀New normal'이란 시대 변화에 따라 과거의 표준이 더 통하지 않고 새로운 가치 표준이 세상의 변화를 주도하는 상태를 뜻하는 단어이다. 2008년 글로벌 금융위기를 겪으면서 세계 최대 채권 운용회사 핌코PIMCO의 최고 경영자 모하마드 엘 에리언Mohamed A. El-Erian이 그의 저서 '새로운 부의 탄생When Markets Collide'에서 저성장, 규제 강화, 소비 위축, 미국 시장의 영향력 감소 등을 위기 이후의 '뉴 노멀New normal' 현상으로 지목하면서 사람들에게 알려졌다.

코로나19는 소비와 생산을 비롯한 모든 경제방식과 사람들의 인식을 재구성하고 있다. 사람 간 접촉을 최소화하는 비대면을 뜻하는 단어인 언택트Untact 문화가 확산하면서 기업, 교육, 의료 업계는 비대면 온라인 서비스를 도입하면서 IT 산업이 급부상하고 있다. 바이러스가 사람간의 접촉을 통해 이루어지므로 사람간의 이동이 제한되면서 항공과 여행은 급제동이 걸리면서 해외로의 이동은 거의 제한되지만 국내 여행을 하면서 스트레스를 풀기도 한다.

소비의 개인화 추세에 따른 제품과 서비스 개발, 협업의 툴, 화상 회의, 넷플릭스 같은 홈 콘텐츠가 우리에게 다가오고 있으며, 문화산업에서도 온라인 콘텐츠 서비스가 성장하고 있다. 기업뿐만 아니라 삶을 살아가는 우리도 언택트Untact에 맞춘 서비스를 활성화하고 뉴 노멀New normal 시대에 대비할 필요가 있다.

뉴 노멀(New Normal) 여행

뉴 노멀New Normal 시대를 맞이하여 코로나 19이후 여행이 없어지는 일은 없지만 새로운 여행 트랜드가 나타나 우리의 여행을 바꿀 것이다. 그렇다면 어떤 여행의 형태가 우리에게 다가올 것인가? 생각해 보자.

■ 장기간의 여행이 가능해진다.

바이러스가 퍼지는 것을 막기 위해 재택근무를 할 수 밖에 없는 상황에 기업들은 재택근무를 대규모로 실시했다. 그리고 필요한 분야에서 가능하다는 사실을 알게 되었다. 재택근무가 가능해진다면 근무방식이 유연해질 수 있다. 미국의 실리콘밸리에서는 필요한 분야에서 오랜 시간 떨어져서 일하면서 근무 장소를 태평양 건너 동남아시아의 발리나 치앙마이에서 일하는 사람들도 있다.
이들은 '한 달 살기'라는 장기간의 여행을 하면서 자신이 원하는 대로 일하고 여행도 한다. 또한 동남아시아는 저렴한 물가와 임대가 가능하여 의식주를 저렴하게 해결할 수 있다. 실리콘밸리의 높은 주거 렌트 비용으로 고통을 받지 않는 새로운 방법이 되기도 했다.

■ 자동차 여행으로 떨어져 이동한다.

유럽 여행을 한다면 대한민국에서 유럽까지 비행기를 통해 이동하게 된다. 유럽 내에서는 기차와 버스를 이용해 여행 도시로 이동하는 경우가 대부분이었지만 공항에서 차량을 렌트하여 도시와 도시를 이동하면서 여행하는 것이 더 안전하게 된다.

자동차여행은 쉽게 어디로든 이동할 수 있고 렌터카 비용도 기차보다 저렴하다. 기간이 길면 길수록, 3인 이상일수록 렌터카 비용은 저렴해져 기차나 버스보다 교통비용이 저렴해진다. 가족여행이나 친구간의 여행은 자동차로 여행하는 것이 더 저렴하고 안전하다.

■ 소도시 여행

여행이 귀한 시절에는 유럽 여행을 떠나면 언제 다시 유럽으로 올지 모르기 때문에 한 번에 유럽 전체를 한 달 이상의 기간으로 떠나 여행루트도 촘촘하게 만들고 비용도 저렴하도록 숙소도 호스텔에서 지내는 것이 일반적이었다. 하지만 여행을 떠나는 빈도가 늘어나면서 유럽을 한 번만 여행하고 모든 것을 다 보고 오겠다는 생각은 달라졌다.

최근에 유럽뿐만 아니라 동남아시아에서도 다양한 음식과 문화를 느껴보기 위해 소도시 여행이 활성화되고 있었는데 뉴 노멀New Normal 시대가 시작한다면 사람들은 대도시보다는 소도시 여행을 선호할 것이다. 특히 이탈리아는 소도시의 매력이 넘치는 곳으로 친퀘테레, 아말피 해안, 시에나, 아시시, 이탈리아 알프스 등은 소도시로 떠나는 여행자가 증가하고 있었다. 그 현상은 앞으로 증가세가 높을 가능성이 있다.

Contents

뉴 노멀이란? | 2

Intro | 18

ABOUT 이탈리아 북부 | 20

한눈에 보는 오스트리아
이탈리아 북부 & 알프스 사계절
간략한 이탈리아 북부 역사
이탈리아 와인 산지
유행을 이끌어 가는 이탈리아 북부의 패션 산업
이탈리아 북부를 꼭 가야하는 이유

이탈리아 여행에 꼭필요한 INFO | 46

와인의 기초 상식, 와인을 느껴보자!
Italy Wine
이탈리아 음식
이탈리아 르네상스의 탄생
이탈리아 르네상스가 남긴 산물
이탈리아 북부 & 알프스 추천일정
이탈리아의 알프스
알프스 개념잡기
이탈리아 알프스 트레킹
이탈리아 로마
이탈리아 르네상스의 후원자, 메디치 가문
건축으로 시대를 보는 이탈리아 여행

■ 호캉스를 즐긴다.

유럽의 이탈리아나 동남아시아로 여행을 떠나는 방식도 좋은 호텔이나 리조트로 떠나고 맛있는 음식을 먹고 나이트 라이프를 즐기는 방식으로 달라지고 있었다. 이런 여행을 '호캉스'라고 부르면서 젊은 여행자들이 짧은 기간 동안 여행지에서 즐기는 방식으로 시작했지만 이제는 세대에 구분 없이 호캉스를 즐기고 있다.

코로나 바이러스로 인해 많은 관광지를 다 보고 돌아오는 여행이 아닌 가고 싶은 관광지와 맛좋은 음식도 중요하다. 이와 더불어 숙소에서 잠만 자고 나오는 것이 아닌 많은 것을 즐길 수 있는 호텔이나 리조트에 머무는 시간이 길어졌다. 심지어는 리조트에서만 3~4일을 머물다가 돌아오기도 한다.

저 밀집 여행

코로나 바이러스가 전 세계를 휩쓸면서 우리 삶의 많은 것들이 변했다. 여행도 마찬가지로 변화하고 있다. 나라마다 공항을 걸어 잠그면서 여행을 할 수 없었지만 백신이 보급되면서 점차 여행이 시작되고 있다. 코로나 바이러스가 있지만 인간은 새로운 지역으로 이동하여 여행을 하면서 사는 것이 일반화되었다. 여행이 자유롭게 가능해지면 더욱 여행을 많이 하는 '보복 여행'도 나타나게 된다.

코로나 바이러스가 유행하기 전, 각국의 관광도시들은 관광객으로 몸살을 앓는 '다크 투어리즘'이 나타나기도 했다. 관광객이 몰려들면서 관광도시들은 매일□ 하는 일이 많아지며 대비를 해야 한다고 했다. 임대료가 비싸지고 범□은 여행자를 제한하는 것에 관심이 많아졌다. 그런데 코로나 바이러□ 나가면서 여행이 금지되었다.

이제는 여행의 패턴이 달라졌다. 사람들이 한 곳에 몰려서 여행하는 □도 너무 많은 사람들이 도시로 여행하는 것을 달가워하지 않는다. □ 도시로 들어와 여행하는 사람들을 제한하려고 한다. 앞으로 관광도□자도 밀집지역으로 여행하는 것을 꺼리고 있다. 한마디로 '저 밀집 □ 방법을 강구하고 있다.

이탈리아 자동차 여행 | *100*

달라도 너무 다른 이탈리아 자동차 여행
이탈리아 자동차 여행을 계획하는 방법
안전한 여행을 위한 주의사항
이탈리아 자동차 여행 잘하는 방법
이탈리아 고속도로
이탈리아 자동차 운전 방법
유럽의 통행료
이탈리아 북부 & 알프스 자동차 여행

베네치아 | *136*

베네치아의 매력 포인트
베네치아 운하에서 꼭 봐야할 명소들
베네치아 핵심 도보 여행
볼거리
산마르코 광장 / 산 마르크 종탑 / 성 마르코 대성당 / 두칼레 궁전
리알토 다리 / 페기 구겐하임 박물관

볼차노 | *166*

한눈에 볼차노 파악하기
볼거리
볼차노 대성당 / 발터 광장 / 승전 기념비 / 남 티롤 고고학 박물관

돌로미티 | *176*

이탈리아 알프스, 돌로미티에 가야 하는 이유
간략한 코르티아 역사
돌로미티의 이름과 전 세계인에 각인된 계기는?
ABOUT 돌로미티
돌로미티 여행

밀라노 | *208*

여행 계획 짜기
About 밀라노
볼거리
두오모 / 스칼라 극장 / 산타 마리아 델레 그라치에 성당 / 브레라 미술관
카스텔로 스포르체스코 / 레오나르도 다빈치 국립 과학 기술 박물관

친퀘테레 | *226*

하이킹 / 철도
볼거리
리오마조레 / 몬테로소 알 마레 / 마나롤라
코르닐리아 / 베르나차

토리노 | 238

사보이 왕가의 영향력
한눈에 토리노 파악하기
볼거리
산 카를로 광장 / 몰레 안토넬리아나 / 스타투토 광장 / 토리노 왕궁
발렌티노 성 / 발렌티노 공원 / 토리노 대성당 / 이집트 박물관

제노바 | 260

한눈에 제노바 파악하기
볼거리
올드 하버 / 가리발디 거리 / 페라리 광장 / 단테 광장 / 산 로렌초 대성당
9월 20일 거리 / 승리의 광장 / 산 지오르지오 섬단 / 브라운 성
포르토피노

■ 호캉스를 즐긴다.

유럽의 이탈리아나 동남아시아로 여행을 떠나는 방식도 좋은 호텔이나 리조트로 떠나고 맛있는 음식을 먹고 나이트 라이프를 즐기는 방식으로 달라지고 있었다. 이런 여행을 '호캉스'라고 부르면서 젊은 여행자들이 짧은 기간 동안 여행지에서 즐기는 방식으로 시작했지만 이제는 세대에 구분 없이 호캉스를 즐기고 있다.

코로나 바이러스로 인해 많은 관광지를 다 보고 돌아오는 여행이 아닌 가고 싶은 관광지와 맛좋은 음식도 중요하다. 이와 더불어 숙소에서 잠만 자고 나오는 것이 아닌 많은 것을 즐길 수 있는 호텔이나 리조트에 머무는 시간이 길어졌다. 심지어는 리조트에서만 3~4일을 머물다가 돌아오기도 한다.

■ 저 밀집 여행

코로나 바이러스가 전 세계를 휩쓸면서 우리 삶의 많은 것들이 변했다. 여행도 마찬가지로 변화하고 있다. 나라마다 공항을 걸어 잠그면서 여행을 할 수 없었지만 백신이 보급되면서 점차 여행이 시작되고 있다. 코로나 바이러스가 있지만 인간은 새로운 지역으로 이동하여 여행을 하면서 사는 것이 일반화되었다. 여행이 자유롭게 가능해지면 더욱 여행을 많이 하는 '보복 여행'도 나타나게 된다.

코로나 바이러스가 유행하기 전, 각국의 관광도시들은 관광객으로 몸살을 앓는 '다크 투어

리즘'이 나타나기도 했다. 관광객이 몰려들면서 관광도시들은 매일매일 관광객과 씨름을 하는 일이 많아지며 대비를 해야 한다고 했다. 임대료가 비싸지고 범죄도 늘어나면서 각국은 여행자를 제한하는 것에 관심이 많아졌다. 그런데 코로나 바이러스가 전 세계로 번져나가면서 여행이 금지되었다.

이제는 여행의 패턴이 달라졌다. 사람들이 한 곳에 몰려서 여행하는 방식도 아니고 여행지도 너무 많은 사람들이 도시로 여행하는 것을 달가워하지 않는다. 이탈리아의 베네치아는 도시로 들어와 여행하는 사람들을 제한하려고 한다. 앞으로 관광도시들뿐만 아니라 여행자도 밀집지역으로 여행하는 것을 꺼리고 있다. 한마디로 '저 밀집 여행'을 하려고 다양한 방법을 강구하고 있다.

Contents

뉴 노멀이란? | *2*

Intro | *18*

ABOUT 이탈리아 북부 | *20*

한눈에 보는 오스트리아
이탈리아 북부 & 알프스 사계절
간략한 이탈리아 북부 역사
이탈리아 와인 산지
유행을 이끌어 가는 이탈리아 북부의 패션 산업
이탈리아 북부를 꼭 가야하는 이유

이탈리아 여행에 꼭필요한 INFO | *46*

와인의 기초 상식, 와인을 느껴보자!
Italy Wine
이탈리아 음식
이탈리아 르네상스의 탄생
이탈리아 르네상스가 남긴 산물
이탈리아 북부 & 알프스 추천일정
이탈리아의 알프스
알프스 개념잡기
이탈리아 알프스 트레킹
이탈리아 로마
이탈리아 르네상스의 후원자, 메디치 가문
건축으로 시대를 보는 이탈리아 여행

이탈리아 자동차 여행 | 100

달라도 너무 다른 이탈리아 자동차 여행
이탈리아 자동차 여행을 계획하는 방법
안전한 여행을 위한 주의사항
이탈리아 자동차 여행 잘하는 방법
이탈리아 고속도로
이탈리아 자동차 운전 방법
유럽의 통행료
이탈리아 북부 & 알프스 자동차 여행

베네치아 | 136

베네치아의 매력 포인트
베네치아 운하에서 꼭 봐야할 명소들
베네치아 핵심 도보 여행
볼거리
산마르코 광장 / 산 마르크 종탑 / 성 마르코 대성당 / 두칼레 궁전
리알토 다리 / 페기 구겐하임 박물관

볼차노 | *166*

한눈에 볼차노 파악하기
볼거리
볼차노 대성당 / 발터 광장 / 승전 기념비 / 남 티롤 고고학 박물관

돌로미티 | *176*

이탈리아 알프스, 돌로미티에 가야 하는 이유
간략한 코르티아 역사
돌로미티의 이름과 전 세계인에 각인된 계기는?
ABOUT 돌로미티
돌로미티 여행

밀라노 | *208*

여행 계획 짜기
About 밀라노
볼거리
두오모 / 스칼라 극장 / 산타 마리아 델레 그라치에 성당 / 브레라 미술관
카스텔로 스포르체스코 / 레오나르도 다빈치 국립 과학 기술 박물관

친퀘테레 | *226*

하이킹 / 철도
볼거리
리오마조레 / 몬테로소 알 마레 / 마나롤라
코르닐리아 / 베르나차

토리노 | *238*

사보이 왕가의 영향력
한눈에 토리노 파악하기
볼거리
산 카를로 광장 / 몰레 안토넬리아나 / 스타투토 광장 / 토리노 왕궁
발렌티노 성 / 발렌티노 공원 / 토리노 대성당 / 이집트 박물관

제노바 | *260*

한눈에 제노바 파악하기
볼거리
올드 하버 / 가리발디 거리 / 페라리 광장 / 단테 광장 / 산 로렌초 대성당
9월 20일 거리 / 승리의 광장 / 산 지오르지오 성당 / 브라운 성
포르토피노

베로나 | *282*

볼거리
브라광장 / 동부 피요르 / 에르베 광장 / 줄리엣 집 / 산타 아나스타시아 성당

시르미오네 | *296*

간략한 시르미오네 역사
한눈에 시르미오네 파악하기
볼거리
가르다 호수 / 시르미오네 산책로 / 스칼리제라 성 / 그로테 디 카툴로

코모 | *308*

코모 즐기기
볼거리
코모 호수 / 트레메조

Intro

매력적인 도시들과 이탈리아 알프스

이탈리아 북부는 중부나 남부와 단순히 지리적으로만 구분되지 않으며, 하나의 문화로 구분되기도 한다. 이탈리아 북부는 알프스산맥을 북쪽과 서쪽 경계로, 아펜니노산맥을 남쪽 경계로 하여 타 지역과 지리적으로 구분된다. 동쪽에는 아드리아 해가 있다. 이탈리아에서 가장 긴 강인 포강이 알프스산맥과 아펜니노산맥에서 발원해 이탈리아 북부 전체를 가로지르며, 포강을 따라 생긴 롬바르디아 평원은 이탈리아 최대의 곡창지대이다. 서쪽으로 프랑스, 북쪽으로 스위스와 오스트리아, 동쪽으로는 슬로베니아와 접하며 남동쪽에는 산마리노가 있다.

이처럼 이탈리아 북부는 중부의 토스카나 지방과 특히 도시의 모습이 다르다. 또한 현대적인 도시 느낌과 오래된 느낌이 같이 공존한다. 하지만 이탈리아 중부의 도시들은 성벽으로 둘러싸인 중세도시 느낌이다. 무엇이 더 좋다는 것이 아니고 느낌이 다른 도시들이라는 사실을 알아야 한다.

게다가 더 북쪽에는 이탈리아 알프스가 있다. 알프스를 생각하면 우리는 언젠가부터 스위스에만 떠올린다. 그러나 알프스는 6개국에 걸쳐 있기 때문에 스위스만의 전유물이 아니다. 알프스는 한 번 가보았다면 언젠가는 다시 한 번 가보고 싶은 생각이 드는 장소이다. 그곳이 바로 이태리 알프스 돌로미티다.

아직 우리에게 잘 알려진 스위스의 알프스와 다르게 이탈리아 알프스는 아직 덜 알려져 있다. 하지만 그 아름다움은 스위스보다 더 장엄하다. 게다가 스위스보다 저렴한 여행비용으로 다녀올 수 있다는 것도 장점이다. 그중에서도 돌로미티는 암벽 등반과 트래킹, 자전거 여행의 천국이다. 암벽등반 코스는 세계에서도 몇 손가락 안에 드는 곳이며, 트래킹 역시 세계 4대 트래킹 코스로 알려지기도 했다.

해발 1,244m에 있는 이탈리아 알프스의 거점도시인 코르티나 담페초는 이탈리아 북부 베네토 주에 있는 휴양 도시로 1956년 동계올림픽이 열리기도 했다. 작고 아담한 전형적인 유럽 도시로 이탈리아와는 다른 느낌을 받게 된다. 한적하게 트래킹이나 자전거 여행을 즐기려는 독일, 오스트리아 사람들이 주로 찾아온다.

동쪽의 베네치아나 서쪽의 볼차노에서 이탈리아 알프스 여행이 시작된다. 자동차, 자전거를 이용해 어디로든 이동할 수 있게 다양한 코스가 개발이 되어 있다. 자전거 도로는 거미줄처럼 거의 모든 곳으로 연결되게 만들어져 있다. 곳곳에 트래킹 코스와 리프트가 설치되어 있는데, 특히 3,000m 높이까지 연결된 케이블카는 이곳의 명물이기도 하다.

자연의 조각가가 만든 이탈리아 알프스와 북부지방의 개방적인 도시에서 새로운 이탈리아를 느껴보자.

ABOUT
이탈리아 북부

한눈에 보는 이탈리아

이탈리아 '3색기'라고 부르는 이탈리아 국기는 왼쪽부터 초록·하양·빨강의 3 색기로 프랑스의 국기를 모방하여 만들어졌다. 의미도 똑같이 '자유·평등·박애'이다. 3색이 아름다운 국토(초록), 알프스의 눈과 정의·평화의 정신(하양), 애국의 뜨거운 피(빨강)를 나타낸다고 이야기하기도 한다.
1796년, 프랑스의 나폴레옹 1세가 이탈리아에 공화국을 설립한 후 3색기를 국기로 제정하였다. 통일운동에도 사용되면서 국민들에게 알려지기 시작하였고 통일 후인 1860년에 국기로 정식으로 제정되었다.

- ▶ **국명** | 로마
- ▶ **언어** | 이탈리아어
- ▶ **면적** | 3,013만 4천㏊
- ▶ **인구** | 약 6,046만 명
- ▶ **GDP** | 3만 4,318.35달러
- ▶ **종교** | 가톨릭 85.7%, 정교회 2.2%, 이슬람 2%, 개신교 1.2%
- ▶ **시차** | 8시간 느리다. (서머 타임 기간 동안은 7시간 느리다.)

경제
고대 이탈리아는 유럽의 중심지였으나 근대 사회가 형성되면서 서유럽에 뒤처지게 되었다. 제 2차 세계대전을 거치면서 황폐화되었으나 50~60년대에 높은 경제성장률을 이루게 되어 경제 강국이 되었지만 최근에 재정위기를 거치면서 경제는 활력을 잃고 있다. 북부지역은 남부에 비해 공업화가 이루어지면서 밀라노, 토리노, 제노바 등이 경제의 중심축을 이루고 있다.

정치
의원내각제 국회는 정부에 대한 신임과 대통령의 임명권을 가지고 있는 독특한 정치형태를 가지고 있다. 국회는 상, 하 양원제를 택하고 5년의 임기를 가지고 있다. 많은 군소 정당이 난립해 있어 정치가 불안하여 경제의 발목을 잡고 있다는 평가를 받고 있다.

이탈리아 북부 & 알스프 사계절

대한민국과 같은 반도 국가인 이탈리아는 알프스 산맥의 북서쪽에서 남동쪽으로 뻗은 반도 지역과 시칠리아, 사르데냐 섬으로 구성되어 있다. 이탈리아 북부지방은 온화한 지중해성 기후의 영향을 받지만, 알프스 산맥지역은 스위스와 비슷한 날씨를 보인다.

봄/가을
Spring / Winter

이탈리아 북부의 봄과 가을은 짧은 편이다. 또한 날씨가 여름에서 겨울로 겨울에서 봄으로 변화하는 시기에는 날씨의 변화가 심해진다. 또한 알프스 산맥이 있는 북쪽은 해발 고도의 차이가 커서 날씨도 변화무쌍하다. 5월과 9월이 이탈리아를 여행하기에 가장 좋은 건조하고 비가 적당히 오는 날씨를 지속한다. 10월이 지나면서 급속하게 날씨의 변화가 심해지므로 몸을 따뜻하게 유지할 수 있도록 해야 감기에 걸리지 않는다.

여름
Summer

이탈리아 북부 지방도 여름에는 비가 거의 내리지 않고 무더운 날씨가 이어지고 밀라노가 있는 내륙은 남부보다 겨울에는 춥고 비도 많이 내린다. 이탈리아 알프스 산맥의 여름 성수기 여행에는 자외선이 강하고 무덥기 때문에 선글라스를 준비하는 것이 좋다.

겨울
Winter

북쪽지방은 밀라노와 베네치아가 있는 북부 지방은 지중해성 기후에 속해 비가 많이 오지만 알프스와 인접한 지역은 알프스 지역이라 춥기 때문에 스키를 타러 오는 여행자가 많다. 이탈리아 알프스는 스위스와 같이 춥고 눈도 많이 오기 때문에 감기에 걸리지 않도록 추위에 대비를 해야 한다.

지리적 구분

이탈리아 북부는 중부나 남부와 단순히 지리적으로만 구분되지 않으며, 하나의 문화로 구분되기도 한다. 이탈리아 북부는 알프스산맥을 북쪽과 서쪽 경계로, 아펜니노산맥을 남쪽 경계로 하여 타 지역과 지리적으로 구분된다.

동쪽에는 아드리아 해가 있다. 이탈리아에서 가장 긴 강인 포강이 알프스산맥과 아펜니노산맥에서 발원해 이탈리아 북부 전체를 가로지르며, 포강을 따라 생긴 롬바르디아 평원은 이탈리아 최대의 곡창지대이다. 서쪽으로 프랑스, 북쪽으로 스위스와 오스트리아, 동쪽으로는 슬로베니아와 접하며 남동쪽에는 산마리노가 있다.

행정적 이탈리아 북부

이탈리아반도의 북부 지역을 가리키는 말로, 지리적으로는 아펜니노 산맥에 의하여 이탈리아 중부와 구분되며, 대부분의 지역이 포강 유역에 자리하고 있다. 행정적으로는 발레다오스타, 피에몬테, 리구리아, 롬바르디아, 에밀리아로마냐, 베네토, 프리울리베네치아줄리아, 트렌티노알토아디제의 8개 주로 구성되어 있다. 이탈리아 북부를 동서로 나누어 북서이탈리아와 북동 이탈리아로 나누어 행정적으로 구분하고 있다.

발전된 이탈리아 북부

이탈리아 북부는 유럽에서 1인당 GDP가 가장 높은 지역 중 하나로, 남부에 비해 경제적으로 더 발달되어 있다. 이탈리아 북부의 인구는 이탈리아 전체의 45.8%이고, 경제적으로 GDP 기준으로 이탈리아 전체의 54.8%를 차지하고 있다. 그래서 이탈리아 북부는 자치권을 확대하는 것을 원하고 있다.

간략한 이탈리아 북부 역사

1860년 가리발디에 의해 남이탈리아가 정복되어 이탈리아가 통일되기 전까지 이탈리아는 오랜 기간 분열되어 있어, 북부는 독자적으로 발전하기 시작했다. 이탈리아 북부는 8세기 프랑크 왕국에 정복된 이후 17세기까지 신성 로마 제국의 영향권에 있었다.

나폴레옹의 정복으로 이탈리아 북부는 프랑스의 괴뢰국인 이탈리아 공화국(이탈리아 왕국)이 되었다가, 나폴레옹의 몰락 이후 빈 회의에 따라 오스트리아 제국의 영향력이 강화된다. 19세기 말부터 사르데냐 왕국의 주도로 이탈리아 통일 전쟁이 시작되면서 오스트리아 제국으로부터 롬바르디아 지역을 빼앗고 20세기 초에는 이탈리아 북부의 상당 부분이 통일된다.

제1차 세계 대전에서 오스트리아-헝가리 제국이 또다시 패배하면서 남 티롤 지방을 포함한 미 수복 이탈리아 지역까지 이탈리아 왕국에 포함되면서 현재와 같은 지역 경계가 완성된다.

이탈리아 와인 산지

이탈리아 와인은 대부분 이탈리아 중부인 토스카나 지방에서만 생산되는 것으로 착각을 하기도 하지만 북부지방도 대표적인 와인들이 생산되고 있다. 피에몬테와 롬바르디아, 베네토 지방이 대표적이다. 피에몬테는 바롤로Barolo와 바르바레스코Barbaresca, 롬바르디아는 프란차코르타 같은 스파클링 와인, 베네토는 총 생산량의 70%가 화이트 와인이 생산되는 것으로 유명하다.

유행을 이끌어 가는 이탈리아 북부의 패션 산업

이탈리아는 르네상스를 시작한 나라답게 뛰어난 패션 디자이너가 아주 많은 나라이다. 대표적인 패션 디자이너인 아르마니는 '옷은 사람을 품위 있게 보이도록 해 줘야 한다.'는 신념으로 단순하면서도 우아한 디자인의 옷을 많이 만들었다. 전통적인 섬유 도시인 밀라노에서는 거의 매일 패션 박람회가 벌어지는데 새로운 디자인을 구경하고 배우기 위해서 많은 사람이 밀라노로 몰려든다.

이탈리아 북부를 꼭 가야하는 이유

■ 도시와 자연의 만남

유럽의 지도를 보면 이탈리아는 장화의 모양으로 유럽의 남부, 지중해 중앙에 자리를 잡은 나라이다. 지도에서 남북의 국토가 길어 장화의 윗부분을 보면 밀라노와 베네치아 같은 유명한 관광지도 있지만 알프스 산맥이 이탈리아 북부 지방을 관통하고 있다.
빙하로 만들어진 코모와 마조레 호수 등까지 보게 되면 중부지방처럼 중세도시가 아닌 도시와 자연을 모두 볼 수 있는 여행이 가능하다는 것을 알 수 있다.

■ 스위스에 비해 저렴한 물가

이탈리아에 알프스가 없다고 알고 있는 독자들도 많다. 스위스에만 있었던 알프스는 아름답지만 물가가 상당히 높다. 이에 비해 이탈리아 알프스에는 환상적인 자연 풍경을 스위스보다 저렴한 물가로 즐길 수 있다.

■ 신선한 음식과 와인

대부분의 이탈리아 북부 여행을 하는 도시인 베네치아, 밀라노뿐만 아니라 북부의 소도시와 와인 산지, 이탈리아 알프스를 적절히 섞어 여행한다면 더할 나위 없이 신선한 이탈리아 와인과 음식을 맛볼 수 있을 것이다. 물론 맛있는 음식과 와인을 음미하며 패션의 도시를 구경하는 기본적인 욕구 충족도 이탈리아에서 빼놓을 수 없는 기쁨 중 하나일 것이다.

우리가 잘 모르는 북부 & 알프스

이탈리아 알프스인 돌로미티는 스위스의 알프스에서는 볼 수 없는 돌산으로 만들어진 자연의 작품을 볼 수 있고, 볼거리가 가득한 도시들이 곳곳에 숨어 있다는 것을 알 수 있다. 다양한 경험을 위해 이탈리아 북부에서만 한 달 이상을 여행해도 충분한 정도이다. 가을 수확이 끝나는 9월부터 이탈리아의 문화와 함께하는 축제를 경험하는 것도 이탈리아 북부 여행의 재미이다.

■ 북부의 아름다운 소도시

이탈리아 북부에도 다양한 소도시들이 즐비하다. 중부의 토스카나 지방에서 보이는 중세 도시가 아니고 자연과 현대적인 도시나 수상도시인 베네치아까지 아름답고 온화한 도시는 중부와 다른 매력을 발산한다. 제노바, 베네치아, 밀라노 등의 해상국가는 위용을 떨치던 때도 있었지만 지금은 너무나 유명한 명성만으로도 전 세계의 사람들은 기꺼이 여행을 하고 있다.

가족에 대한 애정

이탈리아는 서유럽에 비해 가족 공동체를 중요하게 생각한다. 그래서 가족에 대한 애정이 남다르며 가족들이 함께 시간을 보내는 시간이 많다. 또한 그들의 마을에 사람들이 찾아오면 친절하게 맞이하면서 가족처럼 따뜻하게 대한다.
그들의 친절한 태도는 여행자를 감동시키고 다시 찾아오고 싶은 느낌을 받게 만들어준다. 그래서일까? 최근에 이탈리아로 장기여행인 한 달 살기를 하는 여행자들이 많아지는 추세이다.

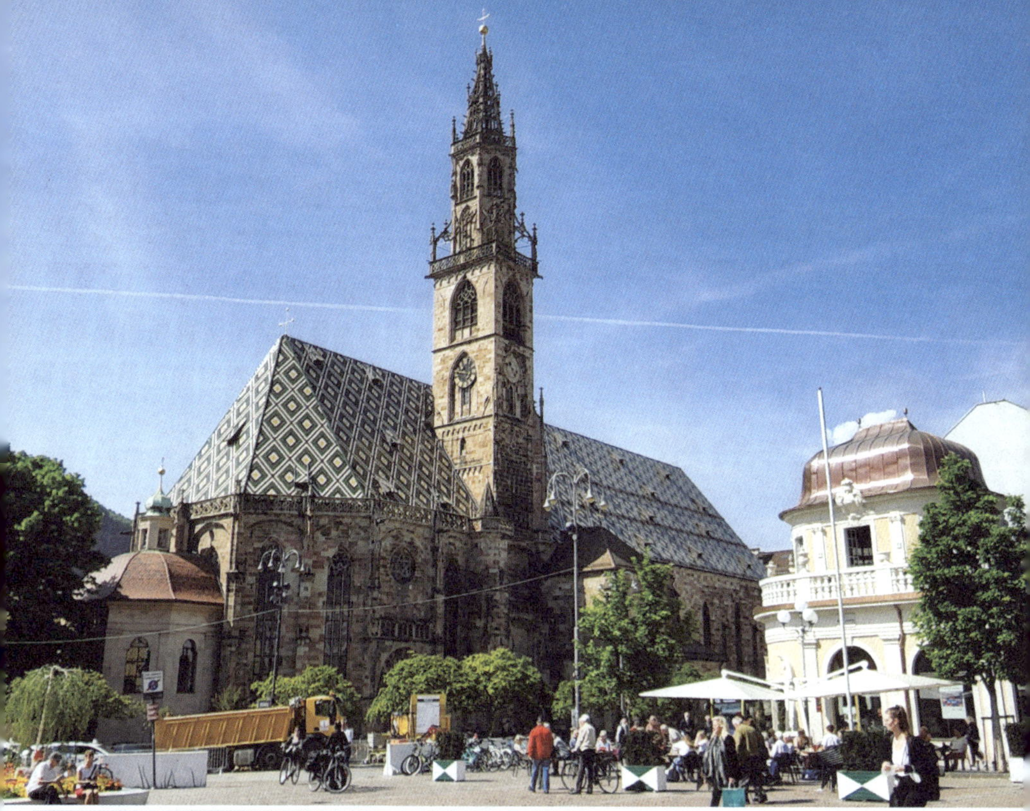

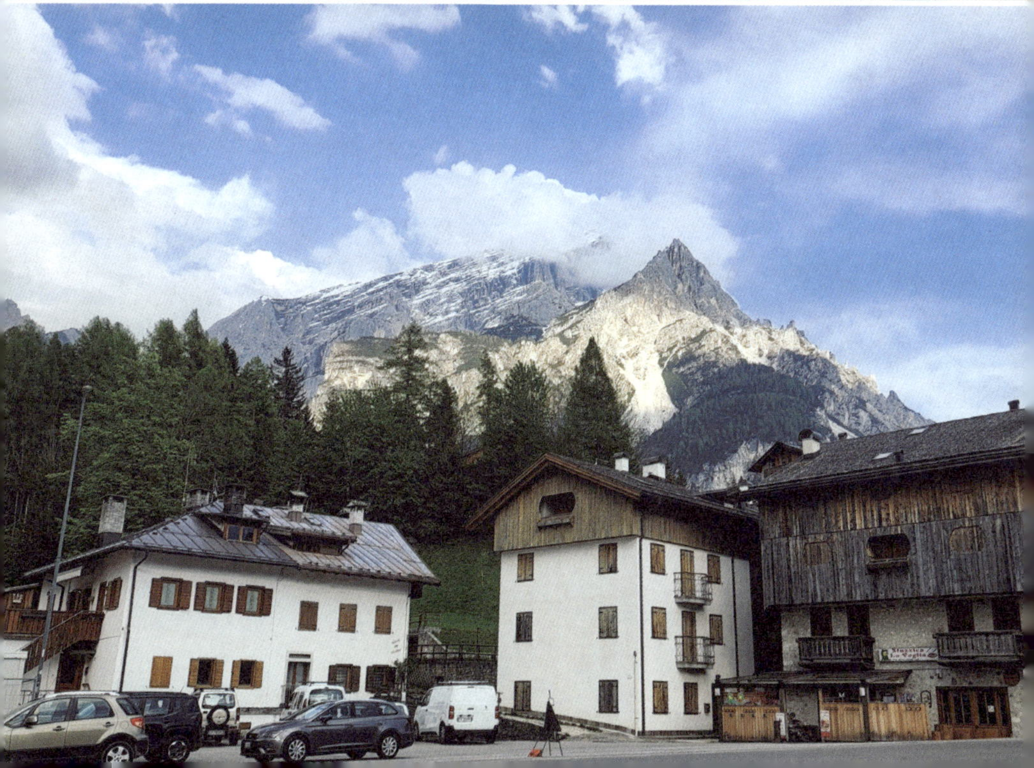

I·T·A·L·Y

이탈리아
여행에
꼭필요한
INFO

와인의 기초 상식, 와인을 느껴보자!

바디감(Body)
와인을 입에 머금고 잠깐 멈추면 입안에서 느껴지는 와인만의 묵직한 느낌이 다가온다.

Light Body
알코올 12.5% 이하의 와인은 일반적으로 라이트-바디 와인이라고 부른다. 화이트 와인이 대부분 산뜻한 맛을 느끼게 해준다.

Mdeium Body
알쿠올 12.5~13.5%의 와인은 일반적으로 미디엄-바디 와인이라고 부른다. 로제, 프렌치 버건디, 피놋 그리지오, 쇼비뇽 플라 등이 중간 정도의 느낌을 준다.

Full Body
알코올 13.5% 이상의 와인은 풀-바디 와인으로 말한다. 대부분의 레드 와인이 이에 속한다. 샤도네이 와인만 풀-바디의 화이트 와인이다.

탄닌(Tanni)
와인 맛에서 가장 뼈대를 이루는 중요한 부분으로, 와인을 마실 때 쌉싸름하게 느끼는 맛의 정체가 탄닌Tannin이다. 식물의 씨앗, 나무껍질, 목재, 잎, 과일의 껍질에는 자연적으로 생겨나는 폴리페놀이 있는데, 우리는 쓴맛으로 느끼게 된다.

일반적으로 와인의 탄닌은 포도껍질과 씨앗에서 나오게 되며 오크통 안에서 숙성을 거치면서 오크통에서도 약간의 탄닌이 나오게 된다. 와인을 안정시켜주며 산화를 막아주는 가장 기본적인 성분이다.

산도(Acidty)
와인의 맛에 살아있는 느낌을 준다고 이야기하는 부분으로 와인이 장기 숙성을 할 수 있는 요소이다.

주석산(Tartaric Acid)
와인의 맛과 숙성에 가장 큰 역할을 하는 중요한 산으로 포도가 익어가는 과정에서 변하지 않고 양이 그대로 존재하게 된다.

사과산(Malic Acid)
다양한 과일에 함유된 산으로 포도가 익기 전에는 사과산 수치가 높지만 점점 익어가면서 수치가 낮아지게 된다.

구연산(Crtric Acid)
감귤류에 함유된 산으로 와인에는 주석산의 약 10% 정도만 발견되는 가장 적은 양의 산이다.

라벨 읽는 방법
- 와이너리 이름
- 생산지역
- 포도 수확 연도

Italy Wine
이탈리아 와인

이탈리아 와인은 좋은 와인인데도 프랑스 와인에 비해 제대로 된 값을 받지 못했다. 그래서 이탈리아 와인협회는 1963년 하위등급 VdT(Vino da Tavola)부터 I.G.T(Indicazione Geografica Tipica), D.O.C(Denominazione di Origine Controllata), D.O.C.G(Denominazione di Origine Controllata e Garantita) 4등급으로 분류하고 체계를 갖추었다. 2010년에 유럽 연합에서 규정에 따라 등급을 나누는 명칭을 바꾸고 변경했지만 아직 변화는 많지 않다.

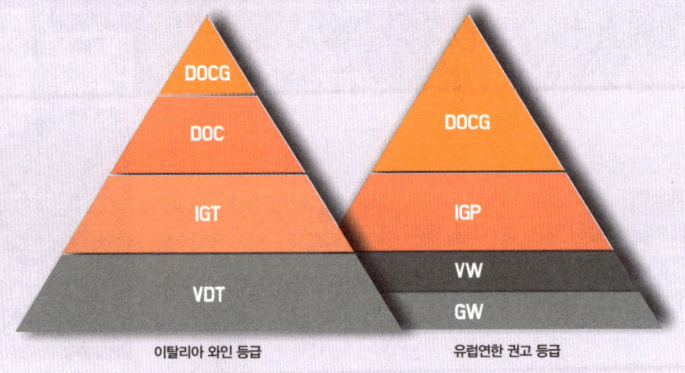

이탈리아 와인 등급 / 유럽연합 권고 등급

D.O.C.G
Denominazione di Origine Controllata e Garantita

약자인 'DOCG'라로 부르며 포도 수확량과 생산 방법을 엄격하게 제한한 이탈리아 정통 와인에만 적용하는 최고 등급이다. 이탈리아 정부에서 보증하는 최고급 와인은 전체 와인 생산량 중 8~10%만이 분류되고 갈색 띠를 두르고 있다. 현재 15개 지역에서 생산되며, 이 등급에 해당되는 와인은 24개다.

D.O.C
Denominazione di Origine Controllata

약자인 DOC는 프랑스의 AOC의 등급 제도를 모델로 삼은 것으로 포도 품종과 수확량, 생산 방법을 모두 규제한다. 고급 와인이지만 최고 등급은 아니다.
D.O.C 원산지 통제표시 와인 품질을 결정하는 위원회의 주기적인 점검을 받아야 한다. 전체 와인 생산량 중 10~12%만이 분류된다. DOC급 또한 DOCG와 마찬가지로 이를 보증하는 푸른색 띠를 쓴다.

I.G.T
Indicazione Geografica
Tipica

약자로 IGT라고 부르며 최근에 도입된 등급이다. 프랑스의 뱅 드 페이를 모델로 삼아 일반화된 와인과 생산지를 표시한 중급 와인이다. 일상적인 서민 수준에서부터 국제적인 수준의 와인까지 다양한 레벨의 와인 품질을 보유하고 있으나, D.O.C.G나 D.O.C에 사용되는 지방이나 지역 이름은 사용할 수 없다.

VdT
Vino da Tavola

규제가 없는 와인들로 이루어진 최하위 등급으로 일반적인 테이블 와인이자 일상적으로 소비하는 와인이다. 이탈리아의 와인 제조업자들 중 독창적인 와인을 만들어 내는 업자들은 VdT등급을 따르되, 저가가 아닌 고가 와인을 만들어 판매하는데, 고가의 슈퍼 토스카나 와인이 이에 해당한다.

이탈리아 북부 와인

이탈리아 북부의 주요 포도 산지는 피에몬테 주와 베네토 주이다. 네비올로, 바르베라는 피에몬테 주에서 유명한 바롤로, 바르바레스코, 아스티 등의 산지에서 와인을 만드는데 쓰이며, 코르비나는 베네토 주의 발폴리첼라 와인을 만드는데 주로 사용된다.

와인의 품종

피에몬테 (Piemonte)

피에몬테는 대표적인 이탈리아 북부의 와인 생산지이다. 네비올로^{Nebbiolo} 품종을 사용한 바롤로^{Barolo}와 바르바레스코^{Barbaresco} 와인이 유명하다. 화이트 와인으로는 코르테제^{Cortese} 포도로 만들어 산도가 높고 드라이한 와인이다.

바롤로 Barolo
네비올로 품종이지만 묵직하고 진한 레드 와인으로 '와인의 왕'으로 불린다.

바르바레스코 Barbaresco
같은 품종이지만 부드럽고 세련된 레드 와인으로 와인의 여왕으로 불린다.

모스카토 다스티 moscato d'Asti
부드럽고 가벼운 발포성 와인이다.

포도 품종

네비올로(Nebbiolo)
이탈리아 북부인 피에몬테 지역의 토착 품종으로 추운 겨울 날씨에 잘 견딘다. 수확이 늦고 포도가 늦게 익어서 알콜 도수가 높게 나와 풀 바디 느낌의 와인이 만들어진다. 주로 10년 이상의 장기 숙성 와인을 생산하는 품종으로 롬바르디아와 베네토 지방에서는 '키아벤나스카(Chiavennasca)'라는 명칭으로 불린다.

바르베라(Barbera)
피에몬테 주를 중심으로 이탈리아 북부에서 널리 재배되는 품종이다. 적은 탄닌 함유량과 함께 산도가 높고 과실향이 풍부하며 감칠맛 나는 레드 와인을 만들어낸다. 고급와인 보다는 테이블 와인으로 많이 이용되는 품종이다.

롬바르디아 (Lombardy)

북부 이탈리아의 중심에 위치해 내륙으로 둘러싸여 있는 산들도 기온의 일교차가 크다. 큰 호수가 기후를 완화시켜주어 와인 생산의 최적지이기도 하다. 프란챠코르타 같은 스파클링 와인과 네비올로 품종을 사용한 레드 와인, 투르비아나 품종으로 만든 화이트 와인 등이 유명하다.

트렌치노 알토 아디제 (Trentino-Alto Adige)

이탈리아에서 가장 북쪽의 와인 생산지로 산악지형이 선사한 일교차로 산악지만의 와인이 강점이다. 와인의 깊고 풍부한 화이트와인과 스파클링 와인이 유명하다. 피노 그리지오$^{Pinot\ Grigio}$, 피노 비앙코$^{Pinot\ Bianco}$ 등의 화이트 와인과 트렌토^{Trento}의 스파클링 와인이 있다.

베네토 (Veneto)

총 생산의 약 70%가 화이트 와인으로 구릉 지대에 있는 포도밭이 색다른 풍경을 만드는 지역이다. 프리울라노^{Friulano}, 피노 비앙코$^{Pinot\ Bianco}$ 등의 청포도 품종을 사용한다.

토스카나 (Toscana)

이탈리아에서 가장 유명한 와인과 포도밭이 있는 곳으로 지질구조가 다양하여 많은 와이너리가 존재한다. 지중해성 기후는 여름에는 뜨겁고 가을부터는 추워지는 기후는 고급 와인이 만들어지기 좋다. 산조베제와 폰테풀치아노와 같은 적포도가 잘 자라는 지역으로 구획별로 정해진 품종으로 와인을 만든다.

키안티 클라시코
Chianti Classico

토스카나의 전통 와인 중에서 우수한 품질의 와인으로 정평이 나있다.

브루넬로 디 몬탈치노
Brunello di Montalcino

장기 숙성하는 와인으로 묵직한 바디감에 부드러운 목넘김이 일품이다.

비노 노빌레 디 몬테풀치나오
Vino Nobile di Montepulciano

귀족와인이라는 명칭만큼우아하고 부드러운 와인이다.

슈퍼투스칸
Super Tuscan

외국 품종을 블렌딩하는 새로운 양조방식으로 인정받은 와인이다.

포도 품종

산조베제(SanGiovese)
이탈리아에서 가장 넓은 분포를 보이는 레드 품종으로 토스카나 주를 중심으로 이탈리아 중부에서 널리 재배된다. 신맛이 강하지만 떫거나 부담스럽지 않아 밸런스가 좋다.

브루넬로(Brunello)
산조베제의 일종으로 브루넬로 디 몬탈치노 와인으로 유명하며, 산조베제 와인보다 묵직하고 색도 더 진하다.

몬테풀치아노(Montepulciano)
이탈리아 중동부에서 널리 재배되는 품종으로 토스카나에서는 산조베제(SanGiovese), 카나이올로 네로(Canaiolo nero), 말바지아(Malvasia)와 블렌딩하여 비노 노빌레 디 몬테풀치아노(Vino Nobile di Montepulciano)를 생산한다. 아브루초 지방에서는 최대 15%의 산조베제와 블렌딩하여 몬테풀치아노 다브루초(Montepulciano d'abruzzo)를 생산하며, 강건하고 드라이한 맛을 낸다.

이탈리아 음식

이탈리아는 로마 제국이 멸망하면서 각 도시들로 분화되어 살아왔다. 이탈리아 중, 북부는 이후의 서양 역사를 주도하면서 산업화도 이루어 호황을 누리면서 살아왔다. 농업이 발달하기도 하여 쌀이나 유제품이 들어간 요리가 많다. 이에 반해 이탈리아 남부는 경제적으로는 침체되었지만 풍부한 해산물을 활용해 올리브와 토마토, 모짜렐라 치즈를 넣어 만든 요리가 많다.

피자 (Pizza)

밀가루 반죽으로 만든 도우 위에 토마토 소스와 모짜렐라 치즈를 얹어 둥글고 납작한 형태로 구운 빵 요리이다. 이탈리아에서 유명한 나폴리에서 유래된 피자 마르게리타는 크러스트에 토마토 소스, 모짜렐라 치즈, 바질, 올리브 오일로 만든다. 최근에는 다양하게 고기, 살라미, 해산물, 치즈, 채소나 과일까지 다양한 종류의 토핑을 선택해 얹는다.

파스타 (Pasta)

지중해에서 생산된 밀에 물을 섞거나 달걀을 섞어 부풀리지 않고 반대기를 지어서 국수 등의 형태로 만들 음식으로 삶거나 구워 먹는다. 이탈리아의 주식이며 국민 음식으로 종류도 다양하다.

아란치니 (Arancini)

이탈리아에서 피자나 파스타만큼 유명하지는 않지만 아란치니도 이탈리아를 대표하는 음식 중의 하나이다. 시칠리아 지역에서 유래된 음식으로 고기, 토마토, 모짜렐라, 각종 버섯, 피스타치오 등을 으깨 작은 골프공 크기 정도로 만들어 빵가루를 묻혀 튀겨내는 요리이다.

라자냐 (Lasagne)

납작하고 큰 파스타 면에 야채, 치즈, 베샤멜 소스, 토마토 소스, 다진 고기 등을 층층이 쌓고 오븐에 구워 먹는 요리이다.

오소 부코 (Osso Buco)

송아지의 뒷다리 정강이 부위에 화이트 와인을 붓고 푹 고아 낸 일종의 찜 요리이다. 정강이뼈와 골수를 제거하지 않은 채 장시간 서서히 조리하기 때문에 재료에서 진한 육수가 우러나며 육질은 부드럽다.

프로슈토 (Prosciutto)

스페인의 하몽과 유사한 음식인데, 이탈리아 친구들은 이탈리아의 프로슈토Prosciutto가 원조라는 말을 많이 한다. 이탈리아의 저장 햄으로 멜론이나 치즈와 함께 먹는다. 치즈, 멜론, 프로슈토에 이탈리아 와인을 함께 먹으면 금상첨화이다.

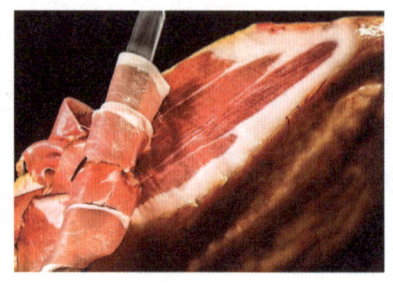

리볼리타 (Ribollitta)

투스카니 지방의 서민 음식이었던 리볼리타Ribollitta는 냄비에 올리브오일을 두르고 다양한 야채를 넣어 볶은 후에 으깬 토마토와 닭 육수를 넣어 삶아내면 카넬리니 빈과 케일을 넣어서 섞는다. 오래된 빵을 넣어 걸쭉하게 만들면 리볼리타가 된다.

살팀보카 (Saltimbocca)

'입안에 넣으면 깜짝 놀란다'라는 이탈리아어인 살팀보카Saltimbocca는 얇게 썬 송아지 고기에 프로슈토, 세이지Sage를 넣고 김밥처럼 말아서 와인과 버터를 넣어 튀기면 된다.

젤라또 (Gelato)

부드러운 젤라또는 이탈리아에서 유래한 아이스크림으로 과육, 설탕, 우유, 커피나 향초 등을 섞어 만들 것이다. 일반적인 아이스크림보다 지방 함량이 낮고 맛은 더 진한 것이 특징이다.

토르네 (Torrone)

이탈리아 전통 디저트인 토르네^{Torrone}는 꿀, 달걀의 흰자, 구운 견과류, 레몬 제스트 등을 섞어 굳힌 음식이다.

이탈리아 르네상스의 탄생

동방으로 나아가 세력을 넓히고자 했던 유럽의 여러 나라는 십자군 전쟁을 일으켰다. 전쟁을 치르며 많은 사람이 유럽과 아시아를 넘나들게 되었다. 이것을 기회로 유럽인들은 물자가 풍부한 아시아에서 여러 문물을 들여왔다. 덕분에 상업이 발달하고, 상업의 중심이 되는 도시들이 발달하게 되었다.

활발한 도시 생활을 하는 사람들은 생각도 그만큼 자유로웠다. 이들은 교회의 권위를 부정하고 자유롭게 생각하며 개성을 발휘하고자 했다. 이들은 바로 고대의 그리스, 로마 문화를 본받아 더욱 새로운 문화를 창조하기 시작했다. 르네상스란 바로 고대 그리스, 로마 문화를 다시 살려 냈다는 뜻이다.

■ 자유가 숨 쉬는 도시들

중세 유럽에서는 자기가 쓸 것을 자기가 생산하는 자급자족의 농촌 경제가 발달했다. 그런데 중세 말부터는 유럽과 아시아 사이의 무역이 활발해지면서 상업이 활기를 띠고 도시가 발달하기 시작했다. 특히 11세기 말에 시작된 십자군 전쟁은 유럽과 아시아 사이의 무역이 발전하는 데 크게 기여했다. 십자군 전쟁은 크리스트교의 성지인 예루살렘을 이슬람교도의 손에서 되찾는다는  종교적인 목적으로 시작되어, 수많은 사람을 희생시킨 비극적인 전쟁으로 이어졌다. 하지만 한편으로는 향신료를 비롯한 동방의 산물들이 들어오고, 전쟁 무기를 만들기 위해 야금업이 활기를 띠는 등 상공업이 크게 번성하는 계기가 되었다.

그 가운데 이탈리아 반도는 유럽의 다른 지역보다 먼저 상공업이 발전했다. 상공업의 발전을 이끈 도시들은 피렌체를 비롯한 밀라노, 제노바, 베네치아, 피사 등으로 지중해 무역을 통해 번영했다. 이들 도시에서는 '화사'가 처음으로 세워지기도 하고, 주판을 사용하여 장부 정리를 하기도 했다. 이는 그만큼 상공업이 발달했음을 보여 주는 것이다. 그런데 중세 도시는 고대 도시와는 크게 달랐다.

고대 도시가 주로 농촌에서 생산한 것을 소비하는 중심지였다면, 중세 도시는 소비뿐만 아니라 생산의 중심지이기도 했다. 도시는 제품을 만들고 거래하는 중심지로서 상인과 수공업자들뿐만 아니라 관리, 의사, 교사, 법조인 등 전문 직업인도 많았다. 그들은 모두 전문 지식과 기술을 통해 부를 쌓아 갔다.

그러자 이웃 봉건 영주들이 도시를 탐내기 시작했다. 도시의 시민들은 용병을 고용하고 이웃 도시와 서로 동맹을 맺음으로써 영주들에게 대항하고 도시의 자유를 지키려고 노력했다. 그리하여 12세기 무렵에는 많은 도시가 주변 영주들로부터 자치권을 얻는 데 성공했다. 농촌에서 도망친 농노들도 도시에서 1년하고도 하루를 더 살면 자유인이 되었다. 자치 도시들은 봉건적인 억압이 판치는 중세 유럽에서 자유의 요새였다.

이탈리아 르네상스가 남긴 산물

■ 예술의 개념

르네상스 시대에 예술의 개념이 생겨났다. 그 이전까지 예술가들은 단지 손재주가 좋은 기능공들로 여겨졌다. 이때부터 예술은 인간의 고귀한 정신을 표현하는 기예라는 생각이 등장했다. 오늘날 위대한 예술은 많은 사람에게 감동을 안겨 주며, 예술가들은 그만큼의 보상을 받는다.

■ 합리주의

르네상스를 거치면서 사람들은 사물에는 고유한 법칙과 논리가 존재한다고 생각하게 되었다. 그리고 이 법칙과 논리는 인간이 자신의 눈으로 관찰하고 머리로 생각하여 설명할 수 있다고 믿었다. 이것을 합리주의라고 하는데, 이런 태도는 과학 기술이 발전하는 데에 크게 기여했다.

고전 물리학

갈릴레이가 물체의 운동 법칙을 연구한 이후, 뉴턴에 이르러 고전 물리학이 완성되었다. 이들에 따르면 우주는 하나의 커다란 기계이며 각 부분은 전체와 조화를 이루면서 각각의 기능을 다한다. 만물의 움직임에는 원인과 결과가 있으므로 모든 것은 예측과 설명이 가능하다. 고전 물리학의 발달로 인류는 여러 가지 편리한 기계와 도구를 발명할 수 있게 되었다.

인문주의

르네상스 시대에 학문 연구의 원칙이 세워졌고 인간 자신이 탐구 대상이 되었다.
인간을 탐구하면서 인문주의자들은 인간을 둘러싼 사회와 정치에 대해 큰 관심을 갖게 되었다. 인간과 관련된 모든 것을 숙고하고 연구하려는 태도는 오늘날 문학, 철학, 역사학 등 인문학 전통에 고스란히 녹아 있다.

이탈리아 북부 & 알프스 추천일정

`4박 5일`

베네치아 → 코르티나 담페쵸 → 돌로미티 → 베네치아

`6박 7일`

밀라노 → 볼차노 → 코르티나 담페쵸 → 돌로미티(2일) → 베네치아

7박 8일

베네치아 → 코르티나 담페쵸 → 돌로미티(2일) → 볼차노 → 코모 호수 → 밀라노

9박 10일

베네치아 → 코르티나 담페쵸 → 돌로미티(2일) → 볼차노 → 밀라노(2일) → 시르미오네 → 베로나 → 베네치아

`9박 10일`

밀라노(2일) → 코모 호수 → 볼차노 → 코르티나 담페쵸 → 돌로미티(3일) → 베네치아(2일)

`13박 14일(2주)`

밀라노(2일) → 코모 호수 → 볼차노 → 코르티나 담페쵸 → 돌로미티(3일) → 베네치아(2일) → 베로나 → 시르미오네 → 친퀘테레 → 밀라노

16박 17일

밀라노(2일) → 토리노 → 제노바 → 친퀘테레(2일) → 시르미오네 → 베로나 → 베네치아(2일) → 코르티나 담페쵸 → 돌로미티(2일) → 볼차노 → 코모 호수 → 밀라노

이탈리아의
알프스
the Alps of Italy

스위스도 아름답지만, 오스트리아 티롤 지역도 뛰어난 경관을 자랑하며 이탈리아 코르티나 담페쵸Cortina d'Ampezzo의 돌로미티Dolomiti는 특별한 백운암 지대로, 다른 곳에서 경험할 수 없는 색다른 아름다움과 경험을 즐길 수 있다.

돌로미티Dolomiti로 불리는 이탈리아 북부 중심지는 알프스 중에서도 독특한 자연경관으로 소문난 곳이다. 다른 지역에서 볼 수 없는 '백운암'이란 특별한 암석으로 이루어져 산세가 웅장하고 경관이 빼어나다. 볼차노와 코르티나 담페쵸가 돌로미티의 대표 도시이다.

여행하기 좋은 시기

최근 유럽의 이상고온으로 20도 정도를 유지하는 5~6월 중순이 가장 여행하기에 좋다. 6~7월은 비교적 무더위이며, 8월~9월은 시원하다. 대한민국의 여행자들은 7월20일~8월20일 사이에 주로 여행을 하기에 이 시기에 국제선항공료가 높다.

온도는 높은 상태이기 때문에 반팔이 필요하다. 하지만 해가 지면 추울 수 있으므로 반드시 긴 팔과 보온 대책이 필요하다. 유럽인들의 휴가철은 8월이기 때문에 8월에는 항상 북적이는 곳이 이탈리아 알프스, 돌로미티 지역이다.

지형의 특징

돌로미티 Dolomiti 산맥은 침식, 지각 변농, 빙하 작용으로 만들어진 지형으로, 백운암(돌로마이트,白雲岩)과 석회암으로 되어 있는 거대한 바위 암봉군이 가는 곳마다 경이로운 풍경을 보여준다. 돌로마이트란 백운암석 이름의 시초가 된 곳인 만큼 세계적으로 유례없는 특별한 지형으로 깎아지른 듯한 기암괴석과 화려한 풍광이 끝없이 펼쳐진다.

암봉의 아래와 사이에는 마치 눈이 내려 쌓여 있는 듯한 부서러진 흰 백운석회암 지형을 볼 수 있다.

돌로미테의 마르몰라다산 Mount Marmolada (해발 3,250m)은 최고 높이로 년 중 눈에 쌓여 있으며 그 외 3,000m가 넘는 봉우리가 18개나 된다. 그래서 스

키와 트레킹 암벽등반 등 액티비티에 특화되었다 할 만큼 다양한 경험을 즐길 수 있다.

에메랄드빛 산중 호수의 장엄함과 말 그대로 하늘을 찌르는 듯한 날카로운 뾰족한 산봉우리에 호수와 숲의 녹음과 하늘의 푸르름은 평생 기억에 남을 것이다. 신이 빚었다 말 할 수 밖에 없게 만드는 장관이 펼쳐진다.

야생동물

산악 공원지에는 조류만 100종이 넘는 약 160종 야생동물이 공생하는데, 이중 가장 쉽게 눈에 띄는 동물은 마멋, 산염소, 여우, 다람쥐들이 공생하는 반면, 접근하기 쉽지 않은 위험한 고지대 지형에 숨어사는 카퍼카일리, 흰자고새, 독수리 올빼미, 어민족제비 등도 살고 있다.

야생식물

희귀한 특종의 꽃, 나무를 포함하여 약 1000여종의 다양한 종류의 식물을 볼 수 있는 이 곳은 사이프리페이움 칼체로우스 cypripedium calceolus, 난초, 셈페르비붐 sempervivum 등이 자라며 셈페르비붐은 돌로미티 공원을 대표하는 마스코트 꽃이기도 하다.

알프스 개념잡기

알프스 산맥은 7개국에 걸쳐있지만 알프스의 대부분은 스위스·프랑스·이탈리아·오스트리아에 걸쳐 있다. 독일어로 알펜Alpen, 프랑스어로는 알프Alps, 이탈리아어로는 알피Alpi라고 부른다. 산을 뜻하는 켈트어 'alb', 'alp' 또는 백색을 뜻하는 라틴어가 어원이며, '하얗고 높은 산'이라는 의미에서 사용되었다고 전해진다.

알프스의 평균해발고도는 2,500m로 스위스에 가장 높은 산들이 몰려있다고 생각하는 사람들이 있지만 알프스 최고봉은 몽블랑(4,807m)이다. 정상부에는 빙하가 발달해 있어 알레치빙하(길이 16.5㎞), 메르드글라스 빙하, 고르너 빙하 등이 있다. 빙식을 당한 침봉군(針峰群), 삼림한계 위에 있는 초원(alp), 호수 등과 함께 아름다운 고산 풍경을 이루어 등산·관광객이 많이 모여든다. 유럽의 큰 하천인 라인 강·론·도나우 강·포 강 등은 알프스에서 발원한다.

알프스는 유럽의 남부와 중부 지역에 장벽처럼 솟아 있어 지중해성 기후와 유럽 대륙성 기후를 구분 짓는다. 높은 알프스 산맥으로 인해 기후적으로 구분지었지만 그 속에서 생활하는 사람들의 문화적인 생활자체로 구분 지어져 살게 되었다. 이탈리아 알프스가 있는 지중해 연안에서는 강수량이 적은 지중해성 기후의 생성요인 구실을 한다. 알프스 산맥이 만들어 놓은 문화적·민족적인 구분으로 유럽의 중부와 남부의 교류를 방해해 왔는데, 지금은 도로와 철도가 많이 뚫려 교류가 늘었다.

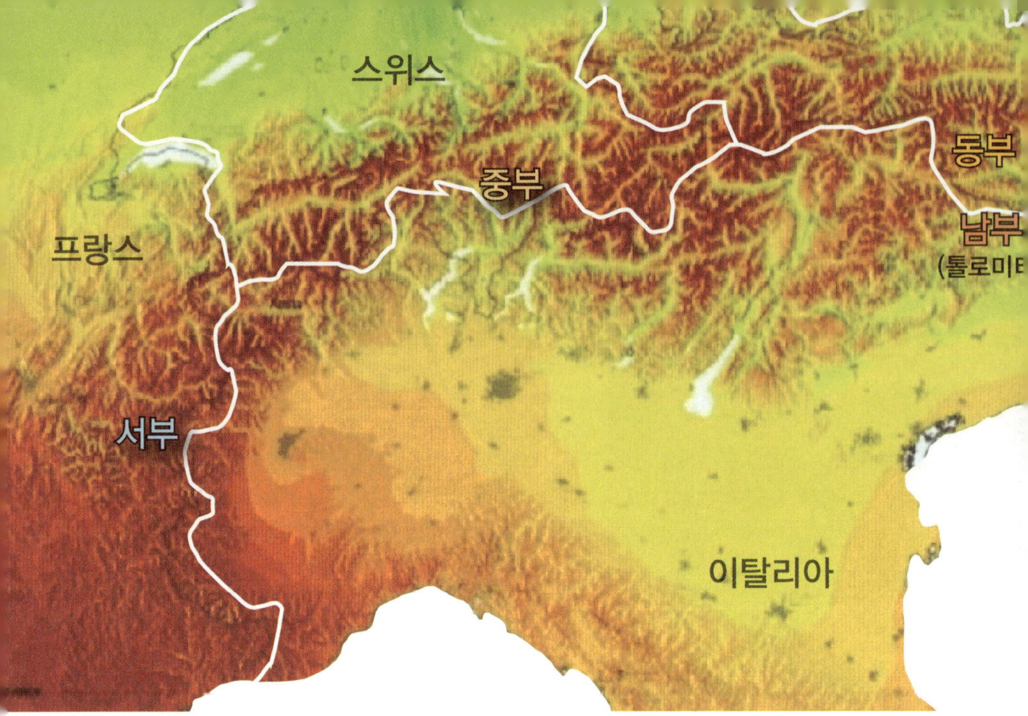

서부 알프스

지중해에 가까운 해안 알프스로부터 몽블랑 산맥으로 이어지는 부분으로, 흔히 프랑스 알프스라고 한다. 산맥은 주로 남북으로 뻗어 있는 비교적 낮은 산지이지만, 북부의 몽블랑 산군에는 알프스의 최고봉 몽블랑과 에귀베르트(4,127m) 등 화강암질의 침봉군이 있으며, 몽블랑 기슭의 샤모니는 등산 관광의 기지로 알려져 있다.

중부 알프스

주로 스위스에 속해있으며, 알프스 산맥은 스위스부터 동서쪽으로 방향이 바뀌고 크게 둘로 갈라지는데, 북쪽이 베르너 오벌란트 산괴(베르너고지)이고 남쪽이 발리스 알프스이다. 발리스알프스에 있는 계곡의 체르마트가 관광지로 유명하다. 알프스 제2의 고봉 몬테로사(4,634m), 리스캄(4,538m), 마터호른(프랑스어로 Mont Cervn 4,478m), 미샤벨 산괴의 돔(4,555m), 바이스호른(4,505m) 등 높이 4,500m급의 산들이 많다. 베르너오벌란트는 유명한 그린델발트 마을을 중심으로 핀스터아어호른(4,275m)을 비롯하여 융프라우(4,158m) · 묀히(4,105m) · 아이거(3,970m) · 베터호른(3,708m) 등 유명한 산들이 많다.

동부 알프스

오스트리아를 중심으로 한 부분으로 알프스산맥이 더 많이 갈라져 남북으로 퍼져 나가고 고도가 낮아진다.
북쪽의 일부는 독일에 들어가 있으며, 독일의 최고봉 추크슈피체(2,963m)가 유일한 고봉이라 빙하가 없으며, 이 지역이 티롤 알프스이다.

남부 알프스

남쪽은 이탈리아와의 국경을 동쪽으로 뻗어 있는 외츠탈 알프스Ötztaler Alpen이며, 높이 3,700m급의 산과 빙하가 있다. 이탈리아 북동부를 차지하는 브레너 고개 남쪽에 돌로미티의 암봉군(岩峰群)이 있다.

이탈리아 알프스 트레킹

이탈리아 북부, 알프스는 스위스 알프스보다 접근하기가 쉽다. 게다가 장엄한 풍경을 마주할 수 있는 돌로미티Dolomiti에 한번 더 반할 것이다. 트레치메를 비롯해 넓게 펼쳐진 산맥들과 산 중턱의 아기자기한 마을인 코르티나 담페초는 작지만 아름다워 오래 머물러도 질리지 않는다. 만년설이 녹아 만들어진 비췻빛 호수 카레자 호수까지 마음의 안정이 나에게 다가온다.

돌로미티Dolomiti는 다양한 얼굴을 보여준다. 영화 속의 풍경을 생각나게 하는 알페 디 시우시, 트레킹으로 다가가는 친퀘토리 암벽, 겨울에는 알프스를 배경으로 스키를 탈 수 있다. 무엇보다 걸어서 다가가는 돌로미티의 풍경은 평생의 기억으로 자리할 것이다. 돌로미티는 트레킹 코스만 해도 수백 개에 이른다. 가장 유명한 3개의 봉우리 트레치메Tre Cime는 돌로미티Dolomiti를 대표하는 풍경이다.

언제 트레킹 하기 좋을까?

돌로미티Dolomiti에 봄이 지나고 여름이 찾아오는 5~6월에는 쌓여있던 눈이 녹아 트레킹을 하기 좋다. 고산지대로 지상의 여느 도시보다 10~15도 가량 시원해 더위를 피해 피서를 오기에도 좋은 곳으로 전 세계인들의 사랑을 받고 있다. 이탈리아의 알프스인 이곳에서 트레치메나 친퀘토리를 비롯한 아름다운 암벽들 사이사이를 트레킹하고, 아름다운 풍경을 보며 여유롭게 사색에 젖는 것도 좋을 것이다.

이탈리아 알프스에서 가장 높은 치마그란데Cima Grande 봉우리의 높이는 무려 3,003m에 이른다. 세체다Seceda 봉우리를 비롯한 거대한 암봉들이 압도적 풍광을 선사하는 알타비아 넘버원은 돌로미티Dolomiti에서 가장 유명한 트레킹 루트다. 거대한 돌산에서 암봉 사이를 걸으며 만나는 풍경들은 압도적이다.

트레킹의 하루

해가 뜨면 걷기 시작해 다음 산장까지 걷다가 경치 좋은 곳에 자리를 깔고 간식이나 도시락을 먹는다. 풍경이 아름다우니 어떤 것을 먹어도 맛있다. 오후 3~4시가 되면 다음 산장에 도착해 짐을 풀고 휴식을 취하고 저녁식사를 한다.

> **준비물**
> ① 일반적인 이탈리아 여행이라면, 우리나라의 여름 복장으로 트레킹을 가을복장으로 저녁에 준비해야 한다. 긴팔로 준비를 하고, 출발할 때에 입은 반팔 복장을 여름복장으로 대체하는 것이 좋다. 비가 올 때를 대비해 날씨는 매일 체크해야 한다. 혹시 모르는 추위에 대비해 경량 패딩을 준비하면 도움이 된다.
> ② 이탈리아 알프스는 각 트레킹 코스로 이동할 때 차량을 운전하면서 여행하므로 차량 내에서는 춥지 않다. 오히려 운전 중에는 덥지만 밖으로 나오면 바람 때문에 추울 수 있다. 방풍 방수점퍼와 폴리스 자켓 정도를 미리 준비해 비올 때 입어야 한다. 우산은 바람이 강해 필요 없다.
> ③ 신발은 등산화를 신고 다니는 것이 편안하다. 많은 이탈리아 알프스의 관광명소가 걸어서 이동해야하고 울퉁불퉁하고 거친 길을 가야 한다. 햇빛이 강하니 모자를 준비해야 하는 것도 중요하다.
> ④ 트레킹을 출발하기 전에 마실 물은 반드시 준비해야 한다 햇빛이 강하여 마실 물이 없다면 걸어가기기 힘들 수도 있기 때문이다. 초콜릿이나 사탕 같은 것도 있으면 당분 섭취를 하면서 몸의 컨디션을 유지하기에 좋다.

로마의 통치방식

'로마는 하루아침에 이루어지지 않았다'라는 말을 한번쯤은 들어봤을 것이다. 이것은 큰일은 짧은 시간에 이루어지는 것이 아니다. 라는 뜻의 속담으로 사용되고 있다.

로마는 이탈리아 중부의 작은 도시에서 출발한 로마가 소아시아, 유럽, 아프리카에 걸친 대제국으로 성장하기까지 오랜 시간이 걸렸다.

로마에 가면 로마법을 따르라.

로마에는 여러 인종과 민족이 함께 살면서 다양한 인종들을 다스리기 위해 통치수단이 필요했다. 로마는 인간의 도덕이나 행동을 바로잡는 역할을 법에서 찾았다. 법은 상당히 로마인들을 통합적으로 다스리는 데에 효력을 발휘하였다. 공화정 시대에 로마의 법은 평민의 권리를 키우는 일과 맞물려 발전했다. 로마 공화정 초기에 귀족이 나라의 중요한 자리를 모두 차지했으나 정복 전쟁이 계속되면서 보병을 구성하는 평민들의 중요성이 커졌다. 평민들은 전쟁터에 나가서 싸우는 대가로 정치에 참여할 수 있는 권리를 요구하면서 법이 조금씩 바뀌기 시작했다.

기원전 450년, 외적이 로마 가까이 다가오고 있을 때, 평민들은 평민의 권리를 지켜주는 내용을 법률로 만들 것을 요구하며, 전쟁에 나가기를 거부했다. 다급해진 귀족들은 평민의 요구를 받아들여서 12표 법을 만들었다. 12표 법은 아직 귀족과 평민의 결혼을 금지하고, 빚을 갚지 못한 이는 노예로 만든다는 불리한 내용이 있었다. 이후에도 평민들의 요구는 늘어났고 귀족과 평민의 갈등은 심해졌다. 갈등이 심해지는 시기에 켈트족이 침입하면서 로마는 전쟁에서 패하였다.

귀족과 평민 사이의 대립을 끝내기 위해 개혁을 시도하며 만들어진 법이 리키니우스 섹스티우스 법이었다. 집정관 중 한 명은 반드시 평민에서 뽑고, 로마 시민이면 누구나 관직에 오를 수 있는 자격이 법으로 보장되었으며, 몇 년 뒤에는 주요 공직에 오른 경험이 있는 평민은 원로원 의원이 될 수 있는 사항까지 법에 명시되었다. 기원전 287년에 원로원의 허가 없이도 평민회 결의가 법적 효력을 갖게 된다는 호르텐시우스법이 만들어지면서 귀족과 평민의 법적 차별은 사라졌다.

평민의 권리확대는 로마인들을 하나로 뭉치게 했고, 로마는 영토를 확대하는 정복 전쟁에서 승리하면 세계 제국으로 성장해갔다. 제정 시대에 들어와서도 다양한 문화를 가진 많은 민족들을 다스리는 데 12표 법을 수정해 이탈리아 반도 내의 시민들에게 적용하였고 로마가 영토가 확대된 이후에는 각 지역의 관습법을 받아들여 모든 주민에게 적용한 만민법으로 발전하면서 "로마에 가면 로마법을 따르라"라는 문구가 생겨났다.

로마의 젖줄, 도로와 상하수도

로마는 큰 제국을 다스리려면 튼튼하고 넓은 도로가 필요했다. 그래야 더욱 신속하게 소식을 전하고, 정복 전쟁을 위한 많은 군대가 빠르게 이동할 수 있었다. 로마인들은 약4m 너비에 1m 깊이로 땅을 파서 큰 돌을 가지런히 놓아 바닥을 평탄하게 만들고 그 위에 잘게 부순 돌을 깔았다. 다시 자갈로 덮고 화산재로 틈새를 다지고 맨 위에 크고 작은 블록을 빈틈없이 맞추는 도로를 만드는 기술이 뛰어났다.

거리가 1,400m마다 돌기둥을 세워 위치와 각종 정보를 새기는 '마일비'를 세웠다. 일정한 거리마다 여관, 식당, 말 교환소 등을 두어 편리하게 여행할 수 있도록 하는 도로가 로마 제국의 구석구석까지 뻗어 있었다. 로마의 도로는 군대의 신속한 이동을 돕는 군용도로, 사람과 세금, 상품의 이동을 활발하게 하는 경제 도로이자, 넓은 로마 제국을 다스리는 데 꼭 필요한 정보와 명령을 신속하게 전달할 수 있도록 행정 도로였다. 더 나아가 로마 제국의 지배를 받는 사람들로 하여금 로마의 지배를 깨닫게 해 주는 정치 도로였다.

로마인들은 도로뿐 아니라 물이 다니는 길, 즉 수로를 만드는 데에도 탁월했다. 로마인들

은 거대한 수로를 만들어 800㎞ 넘게 떨어진 곳에서도 물을 끌어왔다. 로마인들이 수로를 만든 이유는 자연에만 의존하지 않고 안정적으로 깨끗한 물을 이용하려고 했기 때문이다. 수로를 만들 때에는 먼저 맑은 호수에 여러 개의 관을 연결했다. 그러면 돌로 만든 관을 타고 물이 로마 시내까지 흘러들어왔다.

지하 수로인 경우에는 갱도를 파고, 지상 수로인 경우에는 다리를 놓아 관을 연결했다. 완만한 경사를 이룬 수로를 따라 물이 자연스럽게 흘러갈 수 있었다. 로마 시내까지 흘러온 물은 저장해 두기보다 계속 흐르게 해서 맑은 상태를 유지하도록 했다.

수로에서 공급된 물은 마시고, 씻고, 하수를 처리하는 데에 사용했다. 오늘날에도 로마 시내에 있는 많은 분수들이 2천 년 전에 로마 사람들이 만든 수로를 통해 흘러드는 물을 이용하고 있다.

로마의 뛰어난 건축 기술

건축에서도 로마인들은 뛰어난 재주를 가지고 있었다. 여러 도시에 신전, 원형 경기장, 목욕탕, 개선문 같은 거대한 건축물을 남겼다. 신전 가운데 유명한 것으로는 판테온이 있다. 콘크리트로 만든 돔은 무게가 5,000톤, 돔 안쪽의 지름과 천장까지의 높이가 똑같이 43.3m에 달한다. 이처럼 거대한 돔 내부에는 지지대가 하나도 없고, 6미터 두께의 벽들이 받치고 있다. 이는 고대 건축물 가운데 최대 규모이다.

이와 같은 거대한 건축물을 만들 수 있었던 비결은 아치형 구조에 있다. 무지개나 활처럼 한가운데를 높게 하여 곡선 모양으로 만든 건축물을 '아치'라고 한다. 아치형 구조를 사용하면서 기둥과 기둥 사이를 넓힐 수 있었고, 큰 건물을 지을 수 있게 되었다. 돔을 이용해 기둥 없는 넓은 공간을 만들 수 있어 건물은 웅장한 모습을 보였다.

'신들이 사는 집' 이라는 뜻의 판테온은 원래 로마의 신들에게 바쳐진 신전이었으나 4세기 말에 크리스트교의 교회로 바뀌었다. 로마를 대표하는 건축물에는 콜로세움으로 대표되는 원형 경기장이 있다.

전쟁을 자주 치르던 로마 사람들은 문학이나 연극보다는 경기에 더 열광했다. 콜로세움은 하얀 대리석과 황금을 장식한 거대한 원형 극장으로 로마 황제들을 위한 검투 경기장으로 지어졌다. 높이가 4층 아파트와 비슷한 콜로세움은 입구의 수만 해도 80개가 넘었다.

콜로세움은 5~6만 명의 관중을 수용할 수 있었으며 관람석에는 여닫을 수 있는 거대한 장막이 설치되어 있어서 비가와도 걱정이 없었다. 어느 방향에서나 관중이 검투사의 경기를 잘 볼 수 있도록 관람석은 원형으로 만들어졌고, 지하에는 야수들을 가두는 철창이 설치되어 있었다. 검투사 간의 결투, 야수 간의 결투, 야수와 사람 간의 격투 등, 로마인들은 치열한 대결에 열광했다. 80년경에 콜로세움의 개장식을 성대하게 열면서 황제는 무려 100일에 걸쳐 1만 명이 넘는 검투사와 야수가 혈투를 벌여 9천명에 달하는 검투사가 목숨을 잃기도 했다.

판테온

이탈리아 르네상스의 후원자, 메디치 가문

이탈리아 르네상스를 일으킨 도시 피렌체는 원래 '꽃의 도시'라는 뜻이다. 그 이름에 걸맞게 위대한 학자들과 예술가들이 피렌체를 빛냈다. 하지만 그들의 재능을 알아보고 후원한 사람들이 없었다면 르네상스도 없었을 것이다. 이탈리아 정원에 핀 피렌체라는 꽃을 아름답게 가꾼 정원사는 바로 메디치 가문이었다. 메디치 가문이 르네상스를 일으키는 데에 어떤 역할을 했는지 알아보자.

피렌체의 지배자, 메디치 가문

상업과 직물업 등으로 큰돈을 번 메디치 가문은 막대한 경제력을 바탕으로 15세기에는 피렌체를 다스리는 집안이 되었다. 15~18세기까지 피렌체의 정계에 진출하여 막강한 영향력을 행사했고, 르네상스 예술의 대표적인 후원자였으며, 3명의 교황과 2명의 프랑스 왕비를 배출하는 등 유럽 역사의 한 페이지에 기록된 귀족 가문으로 알려져 있다.

로렌초 데 메디치는 보티첼리의 유명한 역작인 비너스의 탄생을 후원하였으며, 코시모 데 메디치는 필리포 브루넬레스키를 후원하여 피렌체 대성당의 돔을 디자인하게 하였다.

르네상스의 후원자, 메디치 가문

1434년부터 실권을 자고 피렌체를 다스리게 된 메디치 가문은 경제력만으로는 선진국이 될 수 없다는 것을 알고, 피렌체를 문화 대국으로 만들기 위해 온 힘을 기울였다. 그래서 유럽에서 가장 큰 도서관과 그리스 철학을 연구하는 플라톤 아카데미를 세우고 예술가들을 도와 작품을 만들게 했다. 이 가운데 가장 유명한 사람이 미켈로초와 브루넬레스코, 도나텔로, 미켈란젤로였다.

미켈로초가 완성한 메디치 궁전

원래 경쟁자였던 메디치 가문을 누르기 위해 피키 가문이 짓기 시작한 궁전이다. 그런데 피티 가문이 파산하자 메디치 가문의 코시모 데 메디치가 이를 사들인 다음, 건축가 미켈로초를 시켜 완공했다.

큰 사무실과 호화로운 연회실, 프레스코 벽화와 대리석으로 치장된 예배당 등으로 이루어진 웅장한 궁전이다.

브루넬레스키가 지은 피렌체 대성당

피렌체를 멀리서 바라보면, 둥그런 지붕이 마치 풍선처럼 사뿐히 얹혀 있는 대성당이 눈에 띈다. 이 돔 양식의 대성당은 이탈리아 말로 '꽃의 성모'라고 불린다. 오늘날의 기술로도 그렇게 짓기가 어렵다니 당시 이탈리아 건축가들의 실력이 얼마나 뛰어났는지 알 수 있다.

도나텔로의 다윗 상

도나텔로는 코시모가 특히 아낀 예술가였다. 까다로운 도나텔로가 고객과 자주 다투자 코시모는 도나텔로가 창작에만 전념할 수 있도록 피렌체 교회에 있는 농장을 물려주었다.
도나텔로 또한 1466년에 세상을 떠나면서 코시모 옆에 묻어 달라고 부탁했다.

코시모 데 메디치

코시모는 막대한 부와 민중의 인기를 등에 업고 '정의의 기수'라는 직에 올라 피렌체를 다스렸다. 겉으로는 공화정을 하겠다고 했지만, 실제로는 독재 정치를 폈다. 코시모는 부자였음에도 늘 검소한 농부 옷을 입고 다녔다.

로렌초 데 메디치

코시모의 손자인 로렌초는 피렌체 르네상스를 대표하는 인물이다. 그는 강대국 사이에서 절묘한 세력 균형의 정치와 열정적인 문예 보호를 통해 피렌체를 영광을 빛냈다고 하여 '위대한 자(일 마니피코)'라는 별명을 얻었다.
어린 미켈란젤로의 재능을 알아본 것도 바로 '로렌초'였다.

Italy's Journey to the Age of Architecture
건축으로 시대를 보는 이탈리아 여행

이탈리아 여행은 대부분 수도인 로마에서 시작한다. 그런데 볼 건축물이 너무 많아서 그저 사진만 찍는 여행이 되기 쉽다. 건축으로 시대를 구분하면서 볼 필요가 있다. 이탈리아에는 제국이었던 로마가 오랫동안 자리하고 있었기 때문에 기원전 건축물이나 유적들이 상당히 많다.

Tip 시대를 보아야 하는 이유

이탈리아는 서로마가 멸망하고 중세에 유럽 전역에 기독교 문화를 전파하는 동안 중세 건축 양식이 만들어지기도 했다. 르네상스의 시작이었던 토스카나 지방의 피렌체를 중심으로 건축을 보면서 여행하게 된다. 이탈리아가 쇠퇴하던 시기에 로마에 바로크 양식이 나타나고 통일 이탈리아를 향한 민족주의시기에 이탈리아 건축을 구분하면서 보아야 여행이 즐거워질 수 있다.

로마 제국(Roman Empire / ~4세기 까지)

로마의 제국 시대에 로마는 다른 제국과 다르게 시민들을 위한 건축물과 생활을 윤택하게 하는 수로교가 있었고 시민들에게 즐거움을 주기 위해 콜로세움을 만들었다. 그러므로 시민에게 나누어주기 위해 정복 전쟁을 지속할 수밖에 없었다.
황제들은 자신들이 얼마나 뛰어난지 알리는 방법으로 전쟁을 해 얻은 것들을 시민들에게 나누어 주었다. 또한 이때 개선문이나 돔 형태의 디자인으로 천사의 디자인이라고 불린 판테온을 탄생시켰다.

비잔틴 양식(Byzantine / 5~14세기)

서로마가 멸망하고 나서 이탈리아 반도는 분열된 상태로 도시들이 성장하던 시기였다. 당시에는 동로마인 비잔틴 제국으로 남아서 제국을 유지하고 있었기 때문에 비잔틴 제국의 영향을 받지 않을 수 없었다.

로마네스크 양식(Romanesque / 8~13세기)

서로마가 멸망하면서 바티칸은 홀로 침입을 대비할 수 없었다. 그들은 로마의 영광에 기대었던 프랑크 왕국을 비롯한 왕실에 로마제국의 후예임을 인정하고 유럽에 기독교 전파를 하면서 중세를 호령했다. 10세기부터는 로마의 흔적을 보여주는 건축물이 탄생하게 된다. 침입에 대비하기 위해 건물의 정면은 두껍고 으리으리하게 창문은 작게 만드는 로마네스크 양식을 볼 수 있다.

고딕 양식(Gothic / 12~16세기)

십자군 원정이 시작된 14세기는 중세의 교황은 무소불위의 힘을 가진 시대였다. 이때는 하늘에 있는 하나님에게 닿고자 하는 인간의 열망을 현실화시키려고 하였다. 높은 첨탑과 대리석으로 화려하게 장식하고 뾰족한 모양의 아치와 스테인드글라스로 화려하게 내부에 그림을 그려 기독교 문화를 전파하였다.

르네상스 양식(Renaissance / 14~16세기)

르네상스는 십자군 원정 이후 약화된 교황의 힘은 많은 문제를 노출하면서 사람들은 새로운 세상이 있음을 알게 되었다. 특히 비잔틴 제국이 이슬람 세력에게 무너지면서 비잔틴 제국의 발전된 문화와 건축 등은 이탈리아에 직접적으로 변화하는 힘을 주었다. 이렇게 탄생한 르네상스 시대는 '이성, 로마의 회귀, 규칙'이라는 특징으로 건축물에 영향을 주었다. 특히 비잔틴 양식의 대표적인 돔 형태가 르네상스에 나타나게 된다.

바로크 양식(Baroque / 17~19세기)

르네상스 시기가 지나고 지중해 무역이 오스만 투르크 제국에게 막히면서 이탈리아의 르네상스는 급격하게 쇠락한다. 대항해 시대가 시작되면서 서유럽의 각 나라들이 힘을 기르면서 이탈리아의 각 도시들은 그들에게 정복당하는 상황에 이른다.

그들은 이성에 따르는 르네상스에 대항해 뒤틀리고 파도가 보여주는 불안정성을 건축에 보여준다. 정복은 당했지만 아직까지 건축이나 문화의 중심은 이탈리아라는 자신들의 힘을 파도로 형상화했다.

이탈리아
자동차 여행

달라도 너무 다른 이탈리아 자동차 여행

유럽에서 특별한 휴가를 보내고 싶다면, 유럽에서 가장 인기 있는 이탈리아, 시간이 멈춘 곳으로 특별한 분위기를 자아내는 이탈리아를 자동차로 여행하는 것을 추천한다. 봄꽃으로 새로운 시작이 되었다는 즐거움이 있어야 할 시기에 초미세먼지, 황사로 눈 뜨고 다니기 어렵고 숨 쉬는 것조차 조심스러워 외부출입이 힘들지만 이탈리아에는 미세먼지가 없다. 한 여름에도 시원하게 불어오는 바람을 맞을 수 있는, 뜨거운 햇빛이 비추는 해변이 나에게 비춰주는 내가 알고 있는 따분하지 않은 이탈리아가 당신을 기다리고 있다.

우리가 알고 있던 이탈리아와 전혀 다른 느낌을 보고 느낄 수 있는 초록이 뭉게구름과 함께 피어나는 깊은 숨을 쉴 수 있도록 쉴 수 있고 마음대로 소도시를 여행할 수 있는 곳이 이탈리아이다. 관광객은 누구나 이탈리아 여행을 꿈꾼다. 하지만 이탈리아의 대중교통은 좋은 편이 아니다. 자동차로 이탈리아의 소도시를 여행하는 것은 최적의 조합이라고 할 수 있다. 더운 여름에도 필요한 준비물은 아침, 저녁으로 긴 팔을 입고 있던 바다부터 따뜻하지만 건조한 빛이 나를 감싸는 이탈리아의 아름다운 해안 모습이 생생하게 눈으로 전해온다.

이탈리아 자동차 여행을 계획하는 방법

■ 항공편의 In / Out과 주당 편수를 알아보자.

입·출국하는 도시를 고려하여 여행의 시작과 끝을 정해야 한다. 항공사는 매일 취항하지 않는 경우가 많기 때문에 날짜를 무조건 정하면 낭패를 보기 쉽다. 따라서 항공사의 일정에 맞춰 총 여행 기간을 정하고 도시를 맞춰봐야 한다. 가장 쉽게 맞출 수 있는 일정은 1주, 2주로 주 단위로 계획하는 것이다. 이탈리아는 대부분 수도인 로마, 북부의 밀라노와 베네치아로 입국하는 것이 여행 동선 상에서 효과적이다.

■ 이탈리아 지도를 보고 계획하자.

이탈리아를 방문하는 여행자들 중 유럽 여행이 처음인 여행자도 있고, 이미 경험한 여행자들도 있을 것이다. 누구라도 생소한 이탈리아를 처음 간다면 어떻게 여행해야 할지 일정 짜기가 막막할 것이다. 기대를 가지면서도 두려움도 함께 가지고 있다.

일정을 짤 때 가장 먼저 정해야 할 것은 입국할 도시를 결정하는 것이다. 이탈리아 여행이 처음인 경우에는 이탈리아 지도를 보고 도시들이 어떻게 연결되어 있는지 알아두는 것이 좋다.

일정을 직접 계획하기 위해서는 다음의 3가지를 꼭 기억 해두자.

① 지도를 보고 도시들의 위치를 파악하자.
② 도시 간 이동할 수 있는 도로가 있는지 파악하자.
③ 추천 루트를 보고 일정별로 계획된 루트에 자신이 가고 싶은 도시를 끼워 넣자.

■ 가고 싶은 도시를 지도에 형광펜으로 표시하자.

일정을 짤 때 정답은 없다. 제시된 일정이 본인에게는 무의미할 때도 많다. 자동차로 가기 쉬운 도시를 보면서 좀 더 경제적이고 효과적으로 여행할 방법을 생각해 보고, 여행 기간에 맞는 3~4개의 루트를 만들어서 가장 자신에게 맞는 루트를 정하면 된다.

① 도시들을 지도 위에 표시한다.
② 여러 가지 선으로 이어 가장 효과적인 동선을 직접 생각해본다.

■ '점'이 아니라 '선'을 따라가는 여행이라는 차이를 이해하자.

이탈리아 자동차 여행 강의나 개인적으로 질문하는 대다수가 여행일정을 어떻게 짜야할지 막막하다는 물음이었다. 해외여행을 몇 번씩 하고 여행에 자신이 있다고 생각한 여행자들이 이탈리아를 자동차로 여행하면서 자신만만하게 준비하면서 실수를 하는 경우가 많다.
예를 들어 우리가 이탈리아 여행에서 로마에 도착을 했다면 3~5일 정도 로마의 숙소에서 머무르면서 로마를 둘러보고 다음 도시로 이동을 한다. 하지만 이탈리아 자동차 여행은 대부분 도로를 따라 이동하기 때문에 자신이 이동하려는 지점을 정하여 일정을 계획해야 한다. 다시 말해 이탈리아의 각 도시를 점으로 생각하고 점을 이어서 여행 계획을 만들어야 한다면, 자동차 여행은 도시가 중요하지 않고 이동거리(㎞)를 계산하여 여행계획을 짜야 한다.

① 이동하는 지점마다 이동거리를 표시하고
② 여행 총 기간을 참고해 자신이 동유럽의 여행 기간이 길면 다른 관광지를 추가하거나 이동거리를 줄여서 여행한다고 생각하여 일정을 만들면 쉽게 여행계획이 만들어진다.

 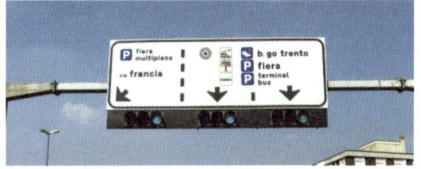

안전한 여행을 위한 주의사항

이탈리아 여행은 일반적으로 안전히다. 폭력 범죄도 느물고 송교 광신자들로부터 위협을 받는 일도 거의 없다. 하지만 최근에 테러의 등장으로 일부 도시에서 자신도 모르게 테러의 위협에 내몰리고 있기도 하다. 하지만 테러의 위협은 상당히 제한적이기 때문에 테러로 이탈리아 여행을 가는 관광객이 크게 걱정할 필요는 없다.
이탈리아 여행에서 여행자들에게 주로 닥치는 위협은 소매치기나 사기꾼들이다. 특별히 주의해야 할 것에 대해서 알아보자.

차량

1. 차량 안 좌석에는 비워두자.
자동차로 이탈리아 여행을 하면서 사고 이외에 차량 문제가 가장 많이 발생하는 것은 차량 안에 있는 가방이나 카메라, 핸드폰을 차량의 유리창을 깨고 가지고 달아나는 것이다. 경찰에 신고를 하고 도둑을 찾으려고 해도 쉬운 일이 아니기 때문에 사전에 조심하는 것이 최고의 방법이다. 되도록 차량 안에는 현금이나 가방, 카메라, 스마트폰을 두지 말고 차량 주차 후에는 트렁크에 귀중품이나 가방을 두는 것이 안전하다.

2. 안 보이도록 트렁크에 놓아야 한다.
자동차로 여행할 때 차량 안에 가방이나 카메라 등의 도둑을 유혹하는 행동을 삼가고 되도록 숙소의 체크아웃을 한 후에는 트렁크에 넣어서 안 보이도록 하는 것이 중요하다.

3. 호스텔이나 캠핑장에서는 가방보관에 주의해야 한다.
염려가 되면 가방을 라커에 넣어 놓던지 렌트카의 트렁크에 넣어놓아야 한다. 항상 여권이나 현금, 카메라, 핸드폰 등은 소지하거나 차량의 트렁크에 넣어두는 것이 좋다. 호텔이라면 여행용 가방에 넣어서 아무도 모르는 상태에 있어야 소지품을 확실히 지켜줄 수 있다.

보라는 듯이 카메라나 가방, 핸드폰을 보여주는 것은 문제를 일으키기 쉽다. 고가의 카메라나 스마트폰은 어떤 유럽국가에서도 저임금 노동자의 한 달 이상의 생활비와 맞먹는다는 것을 안다면 소매치기나 도둑이 좋아할 물건일 수밖에 없다는 것을 인식할 수 있을 것이다.

4. 모든 고가품은 잠금장치나 지퍼를 해놓는 가방이나 크로스백에 보관하자.
도시의 기차나 버스에서는 잠깐 잠이 들 수도 있으므로 가방에 몸에 부착되어 있어야 한다. 몸에서 벗어나는 일이 없도록 하자. 졸 때 누군가 자신을 지속적으로 치고 있다면 소매치기를 하기 위한 사전작업을 하고 있는 것이다. 잠깐 정류장에 서게 되면 조는 사람을 크게 치고 화를 내면서 내린다. 미안하다고 할 때 문이 닫히면 웃으면서 가는 사람을 발견할 수도 있다. 그러면 반드시 가방을 확인해야 한다.

5. 주차 시간은 넉넉하게 확보하는 것이 안전하다.
어느 도시에 도착하여 사원이나 성당 등을 들어가기 위해 주차를 한다면 주차 요금이 아깝다고 생각하기가 쉽다. 그래서 성당을 보는 시간을 줄여서 보고 나와서 이동한다고 생각할 때는 주차요금보다 벌금이 매우 비싸다는 생각을 해야 한다. 주차요금 조금 아끼겠다고 했다가 주차시간이 지나 자동차로 이동했을 때 자동차 바퀴에 자물쇠가 채워져 있는 경우도 상당하다.

주의

특히 남부 이탈리아를 여행할 때 주의를 해야 한다. 로마를 중심으로 위로 올라가는 토스카나와 북부 이탈리아는 안전한 편이지만 남부 이탈리아는 다르다. 경찰들이 관광객이 주차를 하면 시간을 확인했다가 주차 시간이 끝나기 전에 대기를 하고 있다가 주차 시간이 종료되면 딱지를 끊거나 심지어는 자동차 바퀴에 자물쇠를 채우는 경우는 빈번하다.

도시 여행 중

1. 여행 중에 백팩(Backpack)보다는 작은 크로스백을 활용하자.
작은 크로스백은 카메라, 스마트폰 등을 가지고 다니기에 유용하다. 소매치기들은 가방을 주로 노리는데 능숙한 소매치기는 단 몇 초 만에 가방을 열고 안에 있는 귀중품을 꺼내가기도 한다. 지퍼가 있는 크로스백이 쉽게 안에 손을 넣을 수 없기 때문에 좋다. 크로스백은 어깨에 사선으로 메고 다니기 때문에 자신의 시선 안에 있어서 전문 소매치기라도 털기가 쉽지 않다. 백팩은 시선이 분산되는 장소에서 가방 안으로 손을 넣어 물건을 집어갈 수 있다. 혼잡한 곳에서는 백팩을 앞으로 안고 눈을 떼지 말아야 한다.
전대를 차고 다니면 좋겠지만 매일같이 전대를 차고 다니는 것은 고역이다. 항상 가방에 주의를 기울이면 도둑을 방지할 수 있다. 가방은 항상 자신의 손에서 벗어나는 일은 주의하는 것이 가방을 잃어버리지 않는 방법이다. 크로스백을 어깨에 메고 있으면 현금이나 귀중품은 안전하게 보호할 수 있다. 백 팩은 등 뒤에 있기 때문에 크로스백보다는 안전하지 않다.

2. 하루의 경비만 현금으로 다니고 다니자.
대부분의 여행자들은 집에서 많은 현금을 들고 다니지 않지만 여행을 가서는 상황이 달라진다. 아무리 많은 현금을 가지고 다녀도 전체 경비의 10~15% 이상은 가지고 다니지 말자. 나머지는 여행용가방에 넣어서 트렁크에 넣거나 숙소에 놓아두는 것이 가장 좋다.

3. 자신의 은행계좌에 연결해 꺼내 쓸 수 있는 체크카드나 현금카드를 따로 가지고 다니자.
현금은 언제나 없어지거나 소매치기를 당할 수 있다. 그래서 현금을 쓰고 싶지 않지만 신

용카드도 도난의 대상이 된다. 신용카드는 도난당하면 더 많은 문제를 발생시킬 수 있으므로 통장의 현금이 있는 것만 문제가 발생하는 신용카드 기능이 있는 체크카드나 현금카드를 2개 이상 소지하는 것이 좋다.

4. 여권은 인터넷에 따로 저장해두고 여권용 사진은 보관해두자.
여권 앞의 사진이 나온 면은 복사해두면 좋겠지만 복사물도 없어질 수 있다. 클라우드나 인터넷 사이트에 여권의 앞면을 따로 저장해 두면 여권을 잃어버렸을 때 프린트를 해서 한국으로 돌아올 때 사용할 단수용 여권을 발급받을 때 사용할 수 있다. 여권용 사진은 사용하기 위해 3~4장을 따로 2곳 정도에 나누어 가지고 있는 것이 좋다. 예전에 여행용 가방을 잃어버리면서 여권과 여권용 사진을 잃어버린 것을 보았는데 부부가 각자의 여행용 가방에 동시에 2곳에 보관하여 쉽게 해결할 경우를 보았다.

5. 스마트폰은 고리로 연결해 손에 끼워 다니자.
스마트폰을 들고 다니면서 사진도 찍고 SNS로 실시간으로 한국과 연결할 수 있는 귀중한 도구이지만 스마트폰은 도난이나 소매치기의 표적이 된다. 걸어가면서 손에 있는 스마트폰을 가지고 도망하는 경우도 발생하기 때문에 스마트폰은 고리로 연결해 손에 끼워서 다니는 것이 좋다. 가장 좋은 방법은 크로스백 같은 작은 가방에 넣어두는 경우지만 워낙에 스마트폰의 사용빈도가 높아 가방에만 둘 수는 없다.

6. 여행용 가방 도난

여행용 가방처럼 커다란 가방이 도난당하는 것은 호텔이나 아파트가 아니다. 저렴한 YHA 에서 가방을 두고 나오는 경우와 당일로 다른 도시로 이동하는 경우이다. 자동차로 여행을 하면 좋은 점이 여행용 가방의 도난이 거의 없다는 사실이다. 하지만 공항에서 인수하거나 반납하는 경우가 아니면 여행용 가방의 도난은 발생할 수 있다는 사실을 인지해야 한다. 호텔에서도 체크아웃을 하고 도시를 여행할 때 호텔 안에 가방을 두었을 때 여행용 가방 을 잃어버리지 않으려면 자전거 체인으로 기둥에 묶어두는 것이 가장 좋고 YHA에서는 개 인 라커에 짐을 넣어두는 것이 좋다.

7. 날치기에 주의하자.

동유럽여행에서 가장 기분이 나쁘게 잃어버리는 것이 날치기이다. 내가 모르는 사이에 잃 어버리면 자신에게 위해를 가하지 않고 잃어버려서 그나마 나은 경우이다. 날치기는 황당 함과 함께 걱정이 되기 시작한다. 길에서의 날치기는 오토바이나 스쿠터를 타고 다니다가 순식간에 끈을 낚아채 도망가는 것이다. 그래서 크로스백을 어깨에 사선으로 두르면 낚아 채기가 힘들어진다. 카메라나 핸드폰이 날치기의 주요 범죄 대상이다. 길에 있는 노천카페 의 테이블에 카메라나 스마트폰, 가방을 두면 날치기는 가장 쉬운 범죄의 대상이 된다. 그 래서 손에 끈을 끼워두거나 안 보이도록 하는 것이 가장 중요하다.

8. 지나친 호의를 보이는 현지인

동유럽 여행에서 지나친 호의를 보이면서 다가오는 현지인을 조심해야 한다. 오랜 시간 여행을 하면서 주의력은 떨어지고 친절한 현지인 때문에 여행의 단맛에 취해 있을 때 사건이 발생한다. 영어를 유창하게 잘하는 친절한 사람이 매우 호의적으로 도움을 준다고 다가온다. 그 호의는 거짓으로 호의를 사서 주의력을 떨어뜨리려고 하는 것이다. 화장실에 갈 때 친절하게 가방을 지켜주겠다고 한다면 믿고 가지고 왔을 때 가방과 함께 아무도 없는 경우가 발생한다. 피곤하고 무거운 가방이나 카메라 등이 들기 귀찮아지면 사건이 생기는 경우가 많다.

9. 경찰 사칭 사기

발칸 반도를 여행하다 보면 신분증 좀 보여주세요? 라면서 경찰복장을 입은 남자가 앞에 있다면 당황하게 된다. 특수경찰이라면 사복을 입은 경찰이라는 사람을 보게 되기도 한다. 뭐라고 하긴 간에 제복을 입지 않았다면 당연히 의심해야 하며 경찰복을 입고 있다면 이유가 무엇이냐고 물어봐야 한다. 환전을 할 거냐고 물어보고 답하는 순간에 경찰이 암환전상을 체포하겠다고 덮친다. 그 이후 당신에게 여권을 요구하거나 위조지폐일 수도 있으니 돈을 보자고 요구한다. 이때 현금이나 지갑을 낚아채서 달아나는 경우가 발생한다.

말할 필요도 없이 여권을 보여주거나 현금을 보여주어서는 안 된다. 만약 경찰 신분증을 보자고 해도 슬쩍 보여준다면 가까운 경찰서에 가자고 요구하여 경찰서에서 해결하려고 해야 한다.

이탈리아 자동차 여행 잘하는 방법

출발 전

1. 이탈리아 지도를 놓고 여행코스와 여행 기간을 결정한다.

이탈리아를 여행한다면 어느 나라를 어느 정도의 기간 동안 여행할지 먼저 결정해야 한다. 사전에 결정도 하지 않고 렌터카를 예약할 수는 없다. 그러므로 사전에 미리 이탈리아 지도를 보면서 여행코스와 기간을 결정하고 나서 항공권부터 예약을 시작하면 된다.

2. 기간이 정해지면 IN / OUT 도시를 결정하고 항공권을 예약한다.

기간이 정해지고 어느 도시로 입국을 할지 결정하고 나서 항공권을 찾아야 한다. 대부분의 여행자는 로마, 밀라노, 베네치아에서 들어오고 나가는 항공권을 구입하게 된다. 항공권은 여름여행이면 3월 초부터 말까지 구입하는 것이 가장 저렴하다.

겨울이라면 9월 초부터 말까지가 가장 저렴하다. 또한 60일 전에는 항공기 티켓을 구입하는 것이 항공기 비용을 줄이는 방법이다. 아무리 렌터카 비용을 줄인다 해도 항공기 비용이 비싸다면 여행경비를 줄일 수 있는 방법은 없게 된다.

3. 항공권을 결정하면 렌터카를 예약해야 한다.

렌터카를 예약할 때 글로벌 렌터카 회사로 예약을 할지 로컬 렌터카 회사로 예약을 할지 결정해야 한다. 안전하고 편리함을 원한다면 당연히 글로벌 렌터카 회사로 결정해야 하지만 짧은 기간에 1개 나라 정도만 렌터카를 한다면 로컬 렌터카 회사도 많이 이용한다. 특히 이탈리아는 도시를 이동하는 기차가 시간이 정확하지 않고 버스가 발달하지 않은 나라라서 렌터카로 여행하는 것이 더 효율적일 경우가 많다.

4. 유로는 사전에 소액은 준비해야 한다.

공항에서 시내로 이동하려고 할 때 렌터카로 이동하면 상관없지만 도시를 이동한다면 고속도로를 이용할 수 있다. 고속도로를 이용한다면 통행료나 휴게소 이용할 때 현금을 이용해야 할 때가 있으니 사전에 미리 준비해 놓자.

공항에 도착 후

1. 심(Sim)카드를 가장 먼저 구입해야 한다.

공항에서 차량을 픽업해도 자동차 여행에서 가장 중요한 것은 스마트폰이다. 스마트폰은 네비게이션 역할도 하지만 응급 상황에서 다양하게 통화를 해야 할 수도 있다. 그래서 차량을 픽업하기 전에 미리 심(Sim)카드를 구입하고 확인한 다음 차량을 픽업하는 것이 순서이다.

심(Sim)카드

이탈리아뿐만 아니라 유럽 전체에 나라에 상관없이 이용할 수 있는 심(Sim)카드는 보다폰(Vodafone)이 가장 널리 이용되고 있다. 2인 이상이 같이 여행을 한다면 2명 모두 심카드를 이용해 같이 구글 맵을 이용하는 것이 전파가 안 잡히는 지역에서 문제해결에 도움을 받을 수 있다.

2. 공항에서 자동차의 픽업까지가 1차 관문이다.

최근에 자동차 여행자가 늘어나면서 각 공항에서는 렌터카 업체들이 공동으로 모여 있는 장소가 있다. 이탈리아의 로마는 모두 자동차 여행을 위해 공동의 장소에서 렌터카 서비스를 원스톱 서비스를 지원하고 있다. 그러므로 어디로 이동할지 확인하고 사전에 예약한 서류와 신용카드,

여권, 국제 운전면허증, 국내 운전면허증을 확인해야 한다.
로마 공항 왼쪽으로 이동하면 기차를 타는 곳이 있다. 이동하면 렌터카를 한 번에 같이 이용할 수 있는 서비스를 제공하고 있다.

3. 보험은 철저히 확인한다.

이탈리아의 수도인 로마에서 렌터카를 픽업해서 유럽을 여행한다면 사전에 어디를 얼마의 기간 동안 여행할지 직원은 질문을 하게 된다. 이때 정확하게 알려준다면 직원이 사전에 사고 시에 안전하게 도움을 빌을 수 있는 보험을 제안하게 된다. 그렇게 되면 시고기 나더라도 보험으로 커버를 하게 되므로 큰 문제가 발생하지 않는다. 하지만 대부분의 여행자는 이탈리아만을 여행하는 경우가 많다. 이탈리아만 여행해도 1달이 넘도록 시간이 필요할 수도 있다.

4. 차량을 픽업하게 되면 직원과 같이 차량을 꼼꼼하게 확인한다.

차량을 받게 되면 직원이 차량의 상태를 잘 알려주고 확인을 하지만 간혹 바쁘거나 그냥 건너뛰려는 경우가 있다. 그럴 때는 직접 사전에 꼼꼼하게 확인을 하고 픽업하는 것이 좋다. 또한 이탈리아 공항에서는 4층으로 가서 혼자서 차량을 받을 때도 있다. 그렇다면 처음 차량을 받아서 동영상이나 사진으로 차량의 전체를 찍어 놓고 의심이 가는 곳은 정확하게 찍어서 반납 시에 활용하는 것이 좋다.

5. 공항에서 첫날 숙소까지 정보를 갖고 출발하자.

차량을 인도받아서 숙소로 이동할 때 사전에 위치를 확인하고 출발해야 한다. 구글 지도나 네비게이션이 있다면 네비게이션에서 위치를 확인하자. 도로를 확인하고 출발히면서 긴장하지 말고 천천히 이동하는 것이 좋다. 급하게 긴장을 하다보면 사고로 이어질 수 있으니 조심하자. 또한 도시로 진입하는 시간이 출, 퇴근 시간이라면 그 시간에는 쉬었다가 차량이 많지 않은 시간에 이동하는 것이 첫날 운전이 수월하다.

자동차 여행 중

1. '관광지 한 곳만 더 보자는 생각'은 금물

유럽여행은 쉽게 갈 수 있는 해외여행지가 아니다. 그래서 한번 오는 이탈리아 여행이라고 너무 많은 여행지를 보려고 하면 피로가 쌓이고 사고로 이어질 수 있으므로 잠은 충분히 자고 안전하게 이동하는 것이 중요하다. 또한 운전 중에도 졸리면 쉬었다가 이동하도록 해야 한다.

쉬운 말처럼 들릴 수 있지만 의외로 운전 중에 쉬지 않고 이동하는 운전자가 상당히 많다. 피로가 쌓이고 이동만 많이 하는 여행은 만족스럽지 않다. 자신에게 주어진 휴가기간 만큼 행복한 여행이 되도록 여유롭게 여행하는 것이 좋다. 서둘러 보다가 지갑도 잃어버리고 여권도 잃어버리기 쉽다. 허둥지둥 다닌다고 한 번에 다 볼 수 있지도 않으니 한 곳을 덜 보겠다는 심정으로 여행한다면 오히려 더 여유롭게 여행을 하고 만족도도 더 높을 것이다.

2. 아는 만큼 보이고 준비한 만큼 만족도가 높다.

이탈리아의 많은 나라와 도시의 관광지는 역사와 관련이 있다. 그런데 아무런 정보 없이 본다면 재미도 없고 본 관광지는 아무 의미 없는 장소가 되기 쉽다. 사전에 이탈리아에 대한 정보는 습득하고 여행을 떠나는 것이 준비도 하게 되고 아는 만큼 만족도가 높은 여행이 될 것이다.

3. 감정에 대해 관대해져야 한다.

자동차 여행은 주차나 운전 중에 스트레스를 받을 수 있다. 난데없이 차량이 끼어들기를 한다든지, 길을 몰라서 이동 중에 한참을 헤매다 보면 자신이 당혹감을 받을 수 있다. 그럴 때마다 감정통제가 안 되어 화를 계속 내고 있으면 자동차 여행이 고생이 되는 여행이 된다. 그러므로 따질 것은 따지되 소리를 지르면서 따지지 말고 정확하게 설명을 하면 될 것이다.

이탈리아 고속도로

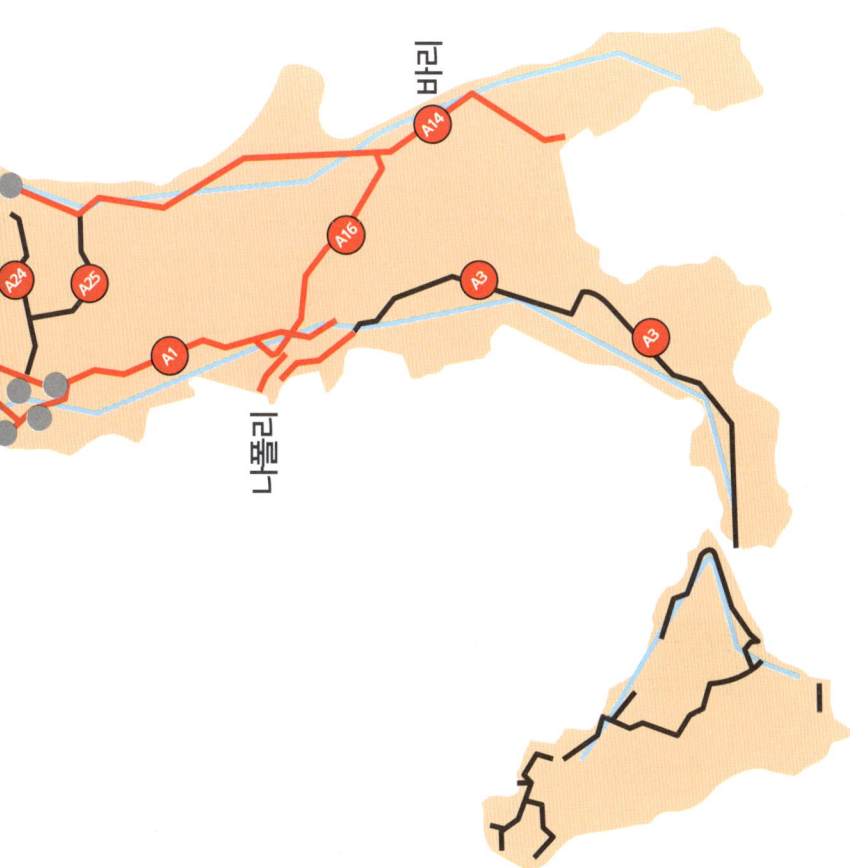

이탈리아 자동차 운전 방법

추월은 1차선, 주행은 반드시 2, 3차선(기본적인 운전 방법)

유럽에서 운전을 하는 기본적인 방법은 동일하다. 우측차선에서 주행하는 기본적인 방법이 EU 국가들에서는 법으로 규제하고 있다. 1차선은 추월하는 차선이며, 주행은 반드시 2, 3차선으로만 한다. 1차선에서 일정 구간 이상 주행을 하면 위법이 된다고 하는 데, 실제로 1차선에서 운전하기가 힘들다. 왜냐하면 뒤에서 나타난 차에서 계속 비켜달라고 소리를 내거나 점화등 으로 표시를 하기 때문에 차선을 옮겨줘야 한다.

특히 이탈리아는 운전을 험하게 하는 편이 아니기 때문에 큰 문제는 없을 것이다. 체코나 독일은 속도를 즐기는 운전자들이 상당히 많다. 그러므로 추월을 한다면 후방 1차선에 고속으로 주행하고 있는 자동치가 없는지 꼭 확인해아 한다. 고속도로에서 110km/h이지만 150km/h 이상 주행하는 차들도 많다.

운전 예절

유럽의 고속도로는 편도 2차선(왕복 4차선) 고속도로가 많다. 이때 2차선으로 주행하고 있는데 우측 진입로로 차량이 들어오는 것이 보았다면 추월하는 1차선으로 미리 들어가 진입 차량의 공간을 확보해주는 것도 볼 수 있다.

추월하는 1차선에서 고속으로 주행하고 있는데, 속도가 느린 차량이나 트럭이 추월중이여서 길이 막힐 때, 알아서 비켜줄 때까지 기다려야 한다. 그래도 안 비켜준다면 왼쪽 깜빡이를 켜주어 운전자에게 알려주는 것이 좋다. 안 비켜준다면 그 다음 방법으로 상향등을 켜면 된다.

국도의 자전거를 조심해야 한다.

고속도로는 아니지만 국도에서 운전을 하면 주말에 특히 자전거를 타는 사람들을 많이 보게 된다. 자전거 전용도로가 있는 것이 아니기 때문에 좁은 도로에서는 조심히 자전거를 타는 사람들을 보호해야 한다.
실제로 운전을 하면서 자전거를 상당히 귀찮은 존재로 생각하는 대한민국의 운전자를 보고 상당히 놀란 기억이 있다. 자전거는 도로 위에서 탈 수 있기 때문에 나의 운전을 방해하는 사람들이 아니다. 그들은 보호받을 권리가 있다.

이탈리아의 제한속도

대부분 유럽 연합 국가들처럼 이탈리아도 제한속도나 표지판의 표시도 동일하다.

① 고속도로 제한속도는 110~130㎞/h이다.
② 국도는 90~100㎞/h이고 도시나 마을에 진입하면 50㎞/h이하로 떨어진다.
해당 국가의 제한속도는 국경을 지나면 커다란 안내판으로 표시를 하고 있다. 왜냐하면 솅겐 조약 국가들끼리는 국경선이 없고 아무 제한 없이 이동이 가능하기 때문에 반드시 표지판을 살펴보는 습관이 필요하다.

전조등

나라별로 전조등 사용 기준이 다르다. 서머타임 기간으로 구분하는 나라도 있시만, 도심이나 외곽으로 구분하는 나라도 있다. 다만 운전을 끝내고 주차하면서 전조등이 켜져 있는 지 확인해야 한다. 차량의 밧데리가 방전될 수 있기 때문이다. 필자도 전조등을 켜고 급하게 내리면서 확인을 안 하고 내려서 관광을 한 수 돌아왔다가 밧데리 방전으로 고생을 한 기억이 있다.

① 운전을 한다면 전조등 사용에 고민할 필요가 없다. 대부분의 나라들이 겨울에는 24시간 의무로 전조등을 켜고 다니며, 고속도로에서도 의무적으로 켜야 하는 나라들이 대부분이다.
② 일반 국도나 시내에서 전조등을 켜고 다니는 것이 편리하다. 다만 렌터카를 주차하고 나면 전조등을 껐는 지 확인하는 습관이 필요하다.

제한속도 이상으로 주행하는 운전자에게

고속도로의 제한 속도가 130㎞/h이므로 처음에 운전을 하면 빠르게 느껴서 그 이상의 속도로 운전하는 경우가 없지만 점차 속도에 익숙해지면 점점 주행속도가 올라가기 시작한다. 이때 조심해야 한다. 충분한 빠르다고 느끼는 제한속도이므로 과속을 한다면 감시카메라를 잘 살펴봐야 한다.

유럽 연합 고속도로 번호

각각의 고속도로는 고유 번호를 가지고 있다. 유럽 연합 국가들의 고속도로는 "E"로 시작되는 공통된 번호를 가지고 있다. 또한 기존에 사용하던 자국의 고속도로 고유 번호를 함께 사용하므로 지도나 기타 정보를 확인하여야 한다. 예를 들어 이탈리아의 코모 호수로 갈때는 'E35-A5'를 사용하고 국도로 이동하면 'A59'를 사용한다.

감시카메라

이탈리아는 다른 유럽 연합 국가들처럼 감시카메라의 수가 많지 않지만 고정형으로 설치되어 있다. 정말 아주 가끔 이동형을 볼 수 있다. 고정된 감시카메라는 몇 백 미터 전에 'Radar Control'이라는 작은 표지판이 중앙분리대에 설치되어 있다.

이동하면서 감시할 수 있는 감시카메라는 미리 확인할 수 있는 방법은 없지만 단속하는 곳은 마을에 진입하여 속도를 줄여야 하는 제한속도 변동 구간에서 단속하게 된다. 특히 주말과 공휴일은 경찰이 사전에 미리 이동형 카메라로 매복을 하고 있다가. 차량들이 많아서 빠르게 이동하고 싶은 운전자들이 많을 때를 노리게 된다. 이럴 때 경찰을 욕하면서 딱지를 떼이지만 운전자 본인이 잘못했다는 사실을 알아야 한다. 제한 속도만으로 운전을 해도 충분히 빠르게 이동이 가능하다는 사실을 인지하자. 또한 이동형 감시카메라가 수시로 준비할 수 있다.

휴게소

이탈리아의 주유소는 편의점과 함께 운영되는 곳이 많다. 그래서 작은 주유소와 편의점이 휴게소가 된다. 고속도로의 휴게소 중에 대한민국처럼 크고 시설이 좋은 곳들도 꽤 볼 수 있다. 작은 도시라면 중간에 주차구역과 화장실이 있는 작은 간이 휴게소들을 볼 수 있을 것이다.

주차

운전을 하다보면 다양한 상황에 놓일 가능성이 있다. 주차요금을 아끼겠다고 불법주차를 하는 경우는 절대 삼가야 한다. 주차요금보다 벌금은 상당히 많고 차량의 바퀴에 자물쇠가 채워지면 더욱 상황이 복잡하다. 기다리고 경찰과 이야기를 하고 벌금을 낸 후에야 자물쇠를 풀어준다.
또한 갓길에 주차를 하게 되는 상황이라면 반드시 비상등을 켜고 후방 50m 지점에 삼각대를 설치하고, 야광 조끼를 착용해야 한다. 휴게소에서 주차는 차량이 많지 않기 때문에 주차에 문제가 발생할 상황은 없다.

유럽의 통행료

동유럽에서 자동차여행을 하면, 국가별로 고속도로 통행료를 내는 방식이 다르다는 사실을 알게 된다. 솅겐조약으로 인해 유럽의 국가들은 국경선을 자유롭게 이동해야 하는 상황에서 각국은 다양한 통행료 징수 방법을 찾아내게 된다.

고속도로 통행료 징수 방법

대한민국과 같은 구간별로 톨게이트Tollgate를 지날 때마다 통행료를 내는 방법과 일정기간 동안 무제한으로 사용할 수 있는 기간별 방법인 비네트 구입를 통행자가 구입하는 방법이 있다.

톨게이트(Tollgate)

대부분의 유럽 국가들은 톨게이트를 운영하면서 통행류를 징수한다. 가장 쉬운 방법일 수 있지만 운전자는 시간이 지체되는 단점이 있다.

이 방법을 하고 있는 나라는 폴란드, 독일 등이다. 해외에서 톨게이트를 지나려면 사전에 동전을 미리 준비해 놓아야 한다. 또한 최근에 무인 톨게이트가 있어서 돈이나 충분한 동전이 없을 경우 유인톨게이트 차선을 찾아 들어가야 한다.

이탈리아 북부는 도로 운전과 산악 운전이 공존하기 지역이다. 이탈리아 북부 지방은 공업 도시들이 많고 이탈리아 경제의 젓줄이기 때문에 고속도로가 촘촘하고 도로도 넓어서 운전하기가 힘들지 않다. 이에 반해 이탈리아 알프스는 산악 운전이기 때문에 일반적인 고속도로 운전보다는 힘들 수 있다.

미리 알아야 할 지식

제한 속도
▶ 마을 50km/h, 마을 외곽 도로: 90km/h, 자동차 도로: 110 km/h
운전을 하면서 마을에 진입하면 기본적으로 50km/h 이하로 속도를 줄이고 천천히 이동해야 한다. 대한민국의 운전자들은 마을에 진입하더라도 속도를 줄이지 않는 경향이 있어, 단속 카메라에 잡히는 경우가 많다.

▶ 고속 도로 130 km/h (돌로미티 Brennero-Bolzano 구간은 110 km/h)
이탈리아 북부는 고속도로가 상당히 촘촘하게 이어져 있다. 제한 속도도 대한민국의 고속도로 제한 속도보다 빠른 130 km/h이다. 빠르게 운전을 해도 웬만하면 속도를 위반할 운전 상황은 거의 없다.

주차선 색상의 차이점

주차를 할 때 유럽의 어느 나라를 가나 주차선 색상으로 알려주는 의미가 비슷하다. 이탈리아는 도심에서는 주차선 색상을 확인해야 하지만 대부분 하얀색에 주차를 하면 문제가 없다. 다만 파란색은 유료라는 사실을 안다면 파란색에 주차를 하고 주차비용 지급기를 찾아 비용을 지불한다면 큰 문제는 없다.

❶ 흰색은 무료 주차, 주차료 징수기가 있는 경우에는 유료.
❷ 파란색은 유료 주차
❸ 노란색은 허가 받은 차량만 주차 가능.

ZTL 단어의 의미를 기억하자.

이탈리아 북부에서 운전을 해야 한다면 차량 출입 제한 구역인 ZTL(Zona Traffico Limitato) 대해서 알고 있는 것이 편리하다. 이탈리아는 문화재를 보존하기 위해 밀라노, 베네치이 등의 대도시는 물론 작은 마을에 이르기까지 도시 중심지는 ZTL구역으로 차량 운전이 제한된다고 생각해야 한다.

이탈리아 중부의 작은 도시들은 중세 도시형태라 도시 안으로 차량을 운전하지 않고 입구에서 주차장에 주차를 하고 이동을 하면 되기 때문에 ZTL 개념이 없어도 문제가 없다. 반대로 개방적인 현대적인 도시형태인 이탈리아 북부는 자동차로 도시에 진입하면 주차장을 찾아 주차를 하고 여행을 하여 차량 출입 제한 구역ZTL에서 벌금을 받지 않는 방법으로 여행을 해야 한다.

차량 출입 제한 구역인 ZTL(Zona Traffico Limitato)

역사 유적지가 많은 이탈리아의 도시들은 차량의 혼잡을 피하기 위해 도로를 확장할 수 있는 방법이 없다. 도시 중심의 교통 혼잡과 공기 오염 방지를 위해 시내 중심에는 차량 출입 제한 구역ZTL을 설정해 놓고 차량 출입 제한 구역ZTL을 위반할 경우 상당히 높은 벌금을 부과하는 방법으로 도시로의 차량 출입을 최소화하는 정책을 취하고 있다.

ZTL 벌금은 구역을 위반한 운전자에게 자동으로 발부된다. 헌지 주민이 50%, 관광객이 50% ZTL 구역 위반이라는 통계가 있다. 차량으로 자동차여행을 하더라도 너무 편리함만 따지지 말고, 도시에 도착하면 주차를 하고 도시 여행을 해야 한다는 뜻이라고 생각하자.

이탈리아 알프스, 돌로미티 Dolomiti

이탈리아 알프스를 여행할 때 볼차노^{Bolzano}, 오르티세이^{Ortisei}, 코르티나 담페쵸$^{Cortina\ d'Ampezzo}$ 의 도시들은 당연히 차량 출입 제한 구역 ZTL이 있다. 그렇지만 도시 외곽에 주차를 하고 여행을 해도 작은 도시이기 때문에 버스를 타고 도시 중심으로 이동할 필요는 없다. 그 정도로 작기 때문에 오히려 천천히 도시를 여행하기에 좋을 것이다.

트레치메 디 라바레도를 보기 위해 코르티나 담페쵸$^{Cortina\ d'Ampezzo}$에 하루 정도는 머물 수 있다. 그렇다 해도 중심부로 이동하면 주차장에 주차를 하고 여행을 해도 작은 마을이므로 걸어가도 힘들지 않다. 오스트리아 & 헝가리 제국 때 만든 옛 도로에 호텔, 상점, 펍 등이 오래된 건물에 있다. 마을 중심에는 차량 진입 자체가 제한되므로 주차만 잘 한다면 차량 출입 제한구역 ZTL을 위반할 가능성이 거의 없다. 이런 점에서 이탈리아 알프스에서는 차량 출입 제한구역 ZTL에 대해 신경을 쓰지 않아도 될 것이다.

이탈리아 알프스 운전

나는 이탈리아 알프스는 '강원도 고갯길을 운전하는 것과 같다'라고 말한다. 산악 지형이기 때문에 급커브가 많고 도로가 좁아 운전하기가 쉽지 않다. 그렇다고 운전이 완전히 난코스는 아니다. 다만 산악지형 중에서도 2,000m가 넘는 고지대에서는 절대 속도를 높이면 안 된다. 이탈리아 알프스를 여행하다 보면 길 이름에 '파소Passo'가 붙어 있는 길을 운전하게 된다. 산길, 고갯길이라는 뜻이다. 위의 '파소Passo'단어를 본다면 운전은 힘들 수 있지만 풍경은 매우 아름답다고 생각해도 될 정도로 상엄한 풍경을 마주하게 된다.

코로나 전에만 하더라도 유럽, 특히 스위스나 이탈리아 알프스 같은 장소는 운전을 하지 말라고 자제하는 사람들이 있었다. 그런데 유럽에서의 자동차 여행이 활성화되면서 안전하게 자동차여행을 하도록 사전에 정보를 얻고 출발하는 경우도 더 많아졌다. 다만 여행 일정에 여유가 없는 경우에는 자동차여행을 자제하고 투어나 대중교통을 이용하고 여유가 있다면 자동차여행을 하면서 이동의 자유를 얻으면서 이탈리아 알프스를 여행하라고 권한다.

수동운전

수동이라도 반 클러치 운전 경험이 있다면 적응할 수 있으니 걱정할 필요가 없다. 이탈리아 알프스는 경사가 심한 곳이 많은데 심한 오르막길에서는 멈추었다가 다시 올라가려니 자동차량도 뒤로 밀렸다가 올라가기 때문에 수동 차량이라고 무서워할 필요는 없다.

여름에 이탈리아 알프스에서 코르티나 담페쵸^{Cortina d'Ampezzo}와 트레치메 데 라바레도만을 여행한다면 버스를 타고도 여행이 가능하다. 그러나 막상 가보면 이동이 불편해 더 많은 아름다운 풍경을 놓친다는 것이 안타깝다는 것을 알게 될 것이다.
대한민국에서 자동차 운전을 할 때, 수동(매뉴얼)으로 운전하는 사람은 거의 없다. 해외에서도 그것도 이탈리아 알프스에서 자동(오토매틱)으로 운전하는 것이 더욱 편리하다. 왼쪽 다리로 클러치를 밟고 속도를 단계별로 올리는 것이 도시에서는 조금 불편할 수 있지만 이탈리아 알프스처럼 엄청난 높이의 구불구불한 길을 올라갔다 내려갔다 하면서 고갯길을 운전할 때는 더욱 피로하게 만든다. 다만 렌터카를 사이즈, 차종과는 상관없이 예약해도 된다.

이탈리아 알프스 운전의 특징

① 왕복 2차선에 중앙선도 없는 고갯길이 대부분이다. 익숙하지 않은 나라에서 수동으로 운전하는 것은 마음속으로 운전하기 싫다고 판단할 수 있으니 미리 자동으로 렌터카를 예약하는 것이 좋을 것이다.

② 이탈리아 알프스는 비포장도로가 없어서 대한민국의 강원도 같은 고갯길이라도 생각해도 무방하다. 렌터카를 할 때 4륜 구동이나 자동차 사이즈는 여행 인원, 짐에 따라 결정하면 된다. 이탈리아 알프스에서는 4륜 구동이 많지 않고 소형차로도 충분히 운전할 수 있다.

③ 오르티세이를 지나면 대부분 굽이굽이 고갯길이 대부분이다. 따라서 운전 시간이 오래 걸릴 수 있다. 언제까지 어디로 이동해 볼거리를 보겠다는 생각은 금물이다.

④ 돌로미티의 도로는 전부 왕복 2차선인데 앞에 버스나 천천히 운전한다면 무리하게 추월하려고 하지 말자. 차라리 멈춰서 아름다운 풍경을 보며 사진을 찍고 간다고 생각하면 좋다.

Venezia
베네치아

베네치아

VENEZIA

이탈리아 북동쪽에 자리한 베네치아는 자갈길과 둥근 아치형의 다리가 많은 보행자 중심의 도시이다. 베네치아에서는 지도는 가방에 넣어두고 느낌대로, 발길 닿는 대로 돌아다니기 좋은 도시이다.
운하를 떠다니는 곤돌라에 앉아 있으면 물결이 곤돌라에 부딪치며 찰랑대는 소리가 들리고, 신선한 이탈리아 음식의 맛있는 냄새가 여행자를 유혹한다. 레스토랑 테라스에 앉아 와인을 음미하면서 따뜻한 햇볕을 즐기는 것도 좋다. 성 마르코 광장을 산책하다 보면 거리 음악사들이 연인들에게 세레나데를 불러주는 모습이 낭만적이다.

베네치아의 매력 포인트

곤돌라

곤돌라, 세레나데를 부르는 사람, 아름다운 궁전과 교회 등이 있는 수상 도시는 낭만적인 분위기로 따라올 도시는 없을 것이다. 언제나 변함없는 베네치아의 매력으로 여행자들은 항상 북적인다.

베네치아의 상징

베네치아는 겨울에도 많은 관광객이 찾는 도시이다. 여름에는 태양이 뜨겁고 관광객은 도시 전체를 휩싸고 있어서 봄과 가을에 관광하기에 가장 좋은 계절이다. 웅장한 성 마르코 광장에서 대부분 베네치아 여행을 시작한다.

베네치아에서 가장 아름나운 건물인 성 마르코 대성당과 도제의 궁전이 광장 동쪽 끝에 나란히 서 있다. 대성당은 정교한 금빛 모자이크와 반구형 지붕 등 베네치아의 비잔틴 양식이 잘 반영되어 있고, 궁전은 부와 권력을 뽐내듯 인상적이다.

운하 도시

S자 모양의 대운하는 베네치아 곳곳을 지나가기 때문에, 곤돌라와 수상 버스인 바포레토를 구경하는 것만으로도 시간이 금방 갈 정도로 재미있고 낭만도 즐길 수 있다.
곤돌라와 바포레토는 고딕풍의 궁전 카 도로와 산타 마리아 델라 살루테 성당을 지나 리알토 다리 아래를 지나간다.

휴양지 무라노 섬

무라노 섬은 유리 공예, 부라노 섬은 수공예 레이스로 유명하고 해변도 아름다워 시내에서 잠시 벗어나 평화로운 당일 여행을 다녀오기에 안성맞춤이다.

베네치아 운하에서 꼭 봐야할 명소들

베네치아 여행은 운하를 따라 있는 다양한 건축물을 보는 것이 여행의 핵심 포인트이다. 그래서 운하를 따라 걸어서 여행하면서 꼭 봐야 하는 명소들을 알고 여행하는 것이 좋다.

성녀인 테레사가 설립한 성당으로 규율을 강조하고 사상을 강조하여 르네상스 이후에 발전한 교회이다.

산타 마리아 디 나자렛 성당
Chiesa di Santa Maria de Nazareth

산타 제레미아 에 루치아 성당
Chiesa di San Geremia e Lucia

투르크 상인 건물
Fondaca dei Turchi

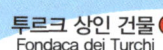
Chiesa

스칼치 다리
Ponte degli Scalzi

산 시메오네 피콜로 성당
Chiesa di San Simeone Piccola

베네치아에서 가장 유명한 다리는 리알토 다리이지만 가장 먼저 보이는 다리는 스칼치 다리로 가끔 리알토 다리와 혼동하는 경우도 있다.

베네치아에 들어오면 가장 먼저 보이는 성당으로 로마의 판테온을 본 따 돔으로 만든 것이 특징이다.

14~18세기의 베네치아 화가들의 작품들을 전시해 놓았다.

아카데미아 박물관
Galleria dell'Accademia

13세기에 지어졌지만 17세기에 오스만 투르크 상인들의 건물로 사용되면서 유명해졌다.

142

돔과 종탑이 있어 가끔 산 조르조 마조레 성당과 혼동하기도 하지만 미국의 화가였던 존 싱어 사전트가 그림을 그려 유명해졌기 때문에 혼동하는 경우가 대부분이다.

15세기에 지어진 황금의 집이라는 뜻의 건물은 황금으로 장식해 화려한 건축물로 알려졌지만 현재는 소박한 외관을 보이고 있다.

● 카 페사로
Ca Pesaro

● 카 도로
Ca d'Oro

12세기에 나무로 만들어진 다리였지만 16세기에 운하의 운송을 위해 1588년에 대리석으로 재건된 다리는 현재 베네치아에서 가장 유명한 다리이다.

성당 전면을 보면 바로크 양식의 건물의 특징을 알 수 있는 성당으로 18세기 베네치아 화가들의 작품을 전시해 갤러리로 현재 사용하고 있다.

● 리알토 다리
Ponte di Rialto

페사로 가문이 궁전으로 지었지만 궁전의 느낌이 크지는 않다. 현재는 현대 박물관으로 사용하면서 클림트나 간딘스키의 다양한 작품을 볼 수 있다.

1340년, 베네치아 총독의 공식 관저로 만들어진 건물로 '도제의 궁전'이라고 부르기도 한다.

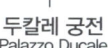
● 두칼레 궁전
Palazzo Ducale

● 구겐하임 박물관
ezione Peggy Guggenheim

● 산 조르조 마조레 성당
Chiesa di San Giorgia Maggiore

두칼레 궁전 건너편 바다에 있는 성당은 982년 베네딕트 수도사들이 정착하면서 만들어졌다.

143

베네치아 핵심 도보 여행

이탈리아 북부에는 밀라노와 베네치아가 위치하는데 베네치아로 야간열차를 타고 들어가는 경우가 많다. 베네치아는 섬으로서 내륙과 산타 루치아 역이 있는 섬으로 구분되어 있다. 반드시 기차를 타실 때 내리는 역의 위치가 산타 루치아역인지 확인해야 고생을 하지 않다.
오랜 배낭여행에서는 베네치아에서 잠을 자지 않고 하루 동안만 베네치아를 둘러보고 다시 야간기차로 이동하는 여행 일정이 많아 역 바깥, 오른쪽 끝에 짐 보관소가 있다. 유료인 짐 보관소는 성수기인 경우에는 보관하지 못할정도로 짐을 많이 맡기기 때문에 문을 닫는 경우도 생긴다.

일정
까도르 → 리알토 다리 → 산 마르코 광장, 두칼레 궁전 → 아카데미아 미술관

섬 안에는 운하로 만들어진 도시이기 때문에 자동차가 없고 배를 이용한 '바포레토'라는 교통수단만 있다. 까도르까지는 바포레토를 타고 이동하고 리도섬도 이용을 해야 해서 1일권을 사서 이용하는 편이 교통비를 아끼는 방법이다.

곤돌라는 리알토다리가 있는 곳에서 관광용으로 이용하는 경우가 많은데 여름에는 햇빛이 매우 강해 낮에는 곤돌라를 타지 말고 해질녘에 타면 해지는 베네치아를 볼 수 있다. 산타 루치아 역에서 수상버스를 탈 때 다시 돌아와야 하니 정류장의 이름을 알고 있어야 한다. 같은 산타 루치아가 아니고 페로비아^{Ferrovia}이다. 그러니 돌아올때는 퍼 베로비아$^{PER Ferrovia}$행을 타야 한다.

수상버스를 타고 첫 번째 정류장에서 내리면 이 곳이 까도르인데, 까도르는 외벽을 금으로 장식해 놓은 곳으로 1420년 고딕양식으로 지어진 귀족주택이다. 까도르에서 골목을 따라 나오면 빌라^{Billa} 슈퍼와 맥도날드가 있어 물과 약간의 먹을거리를 사서 아침을 해결하면 된다. 이 근처에는 약국과 쇼핑도 할 수 있는 상점들이 꽤 있다.
아침을 해결했으면 리알토 다리쪽으로 이동하자. 지도가 있어도 골목이라 위치를 찾기가 쉽지 않기 때문에 물어가면서 리알토 다리쪽으로 이동하는게 좋다. 15분 정도면 리알토 다리가 나온다.

스칼치 다리

리알토 다리

아카데미아 다리

탄식의 다리

베네치아에서 알아야 하는 다리가 스칼치다리, 리알토 다리, 탄식의 다리, 아카데미아 다리 (위 사진참조)의 4개이다. 사진으로 다리를 확인해야 나중에 위치를 정확히 알 수가 있다.

베네치아는 지도를 보지 않고 가고자 하는 방향만 확인하면서 골목골목을 누비는 게 베네치아를 여행하는 좋은 방법이다. 골목을 다니다 보면 자신이 좋아하는 풍경과 재미를 찾을 수 있으니 말이다.

골목을 누비다 보면 정말 다리가 아프다. 특히 여름에는 우리나라의 여름날씨와 비슷해서 습하기 때문에 물을 많이 마시면서 이동해야 한다.
까도르에서 물과 먹을거리를 사서 가방에 넣고 다니자. 리알토 다리에서 산 마르코 광장으로 가야 하기 때문에 퍼 마르코 Per Marco의 이정표를 확인하면서 가야 길을 해매지 않는다.
리알토 다리의 맥도날드에서 왼쪽으로 두 번째 골목으로 들어가서 명품상점들이 나오면 잘 가고 있는 것이다. 골목을 어느정도 지나가면 산 마르코 광장이 나온다. 산 마르코 성당은 828년부

터 짓기 시작해 15세기에 완공이 된 성당으로 광장과 성당이 베네치아의 상징이다. 광장에는 비둘기의 먹이를 팔고 먹이를 주면 비둘기가 많이 모이는 데 사진도 찍으면서 추억을 남겨보자. 하지만 실제 해보면 비둘기가 너무 많아 낭만만 있는 건 아니다.

광장에는 고고학 박물관을 비롯한 여러개의 박물관이 있는데 예전에는 행정관청으로 사용된 공간이었다. 광장에는 날개달린 사자상이 기둥위에 있는데 사자상은 마르코의 상징을 표현해 놓았다. 마르코의 유해가 모셔진 이후에는 베네치아의 상징이 날개 달린 사자상으로 바뀌었다고 한다.

광장에는 적의 침입을 감시하기 위해 종루를 세웠는데 지금은 엘리베이터가 설치되어 베네치아의 아름다운 전경을 보는 전망대 역할을 하고 있다. 산 마르코 성당 바로 옆에 있는 건물은 두칼레 궁전이고 입구는 왼쪽으로 돌아가면 있다.

성 마르코 성당 정문을 왼쪽에 두고 곤돌라가 보이는 바다 방향으로 걸어가다가 두칼레 궁전을 돌아 왼쪽으로 돌면 정면에 사람들이 많이 몰려있고 뒤에 건물위로 튀어나와 있는 조그만 다리가 탄식의 다리이다.
두칼레 궁전과 감옥을 잇는 다리로 죄수들이 다리를 건너면서 마지막 바깥 세상을 보며 한숨을 내쉬며 탄식한다고 해서 붙여진 이름이라고 한다. 우리가 아는 죄수로는 바람둥이 카사노바가 투옥되었다고 한다. 다들 탄식의 다리라고 사진을 찍기만 하지 그 의미는 잘 알지 못해 안타깝다.
산 마르코 광장과 성당까지 보고 나면 오후 4시 정도는 될거다. 배도 고프고 피곤할테니 광장 안쪽의 레스토랑에서 분위기 있는 저녁을 일찍 먹고 아카데미아 미술관이나 리도섬으로 이동하면 하루의 일정이 마무리된다.
리도섬을 꼭 보려면 먼저 배를 타고 보고 돌아와서 아카데미아에 내려 다리를 건너면 미술관이 나오는 코스로 계획을 세워도 센다. 수상버스 1, 2번을 타고 리도섬으로 갔다가 다시 똑같은 번호의 수상버스를 타고 돌아와 아카데미아에서 내려 아카데미아 다리를 건너면 미술관이 있다.

산마르코 광장
Piazza San Marco

1,000년 넘는 세월 동안 베네치아 삶의 중심지 역할을 한 산 마르코 광장은 세월이 흘러도 변하지 않는 모습을 자랑한다. 지금은 베네치아의 관광지와 카페, 많은 비둘기의 보금자리 역할을 하고 있다. 많은 사람들로 늘 북적이는 넓은 야외 광장을 현지인들은 '엘 피아자'라고 부른다. 하루 중 언제 방문하는지에 따라 변화하는 광장의 다양한 모습을 볼 수 있기 때문이다. 새벽에는 환상적인 일출이 아름답고, 낮에는 많은 사람들로 활기차며, 저녁에는 낭만적인 느낌으로 가득하다.

베네치아에서 가장 유명한 광장에는 성 마르코 대성당, 높이 솟은 종탑, 아름다운 고딕 양식으로 정면이 꾸며진 도제의 궁전 등 화려한 모습에 놀라게 된다. 광장 주변에 가로수처럼 늘어선 아케이드 아래의 카페에서 커피 한 잔의 여유도 즐기면서 유명한 건축물도 같이 감상해보자.

11세기에 지어진 성 마르코 대성당의 정면은 높은 아치형 구조물, 금과 대리석의 장식, 조각상 등으로 화려하게 꾸며져 있다. 오른쪽에는 베네치아의 명물인 종탑이 있는데, 꼭대기까지 올라가거나 뒤에 물러서 정각에 울리는 시계탑 종소리를 들어볼 수도 있다. 2개의 청동상이 종을 치는데, 500년 이상 종은 울렸다고 한다.

남동쪽 모서리에는 베네치아의 전통적인 입구를 상징하는 2개의 기둥이 있다. 기둥 꼭대기에는 성 마르코와 성 테오도레 조각상이 베네치아 도시가 건설된 석호를 내려다보고 있다.

비둘기들

흔히 들을 수 있는 소리는 먹이를 찾아 구구거리며 돌아다니는 비둘기 떼로 관광객들에게 골치 덩어리이다. 현재 비둘기에게 먹이를 주는 것은 더 이상 허용되지 않고 있다.
₩많은 카페에서 커피나 식사도 즐길 수 있지만 가격은 다른 곳에 비해 높은 편이다. 해가 지고 사람들이 많이 돌아가고 나면 마음에 드는 카페에 앉아 와인 한 잔 하면서 거리 연주자들의 음악을 감상하는 것도 추천한다.

산 마르코 지역에 자리한 성 마르코 광장은 바로 뒤에 대운하가 있어 바포레토(수상 버스)를 타거나 걸어서 갈 수 있다. 추운 계절에는 만조가 되어 광장이 물에 잠길 수 있지만 보행로가 높게 설치되어 있어 관광하는 데 문제가 없다.

산 마르크 종탑
Campanile

산 마르크 성당 옆에 우뚝 솟아 있는 산 마르크 종탑은 베네치아에서 가장 높은 탑으로 98m 높이에 달하는 빨간색 벽돌의 종탑 꼭대기에는 금색의 천사장 가브리엘 동상이 있다. 갈릴레오를 유명하게 해준 종탑 꼭대기에서 베네치아의 아름다운 360도 전망을 감상해 보자.

건물은 9세기에 건축되기 시작해 이후 수백 년이 걸려 완성되었지만 1902년에 탑이 무너졌고 지금의 탑은 1912년에 세워진 것이다. 매 시간 정각에 종탑의 유명한 5개의 종이 울리는데, 5개의 종은 1902년 탑이 무너졌을 때 파괴된 이후 원본을 다시 주조해 만든 복제본이다. 종탑에는 천문학 역사의 중요한 사건을 기념하는 명판도 있다. 갈릴레오 갈릴레이는 1609년 바로 이 탑에서 베네치아 공화국 총독에게 자신의 망원경을 시연해 보였다.

종탑 밑의 작은 건물인 로제타는 16세기에 건설되었지만, 건물 또한 탑이 무너질 때 같이 파괴되있다. 지금의 건물은 20세기 초에 재건된 것이다. 아폴로와 미네르바 등의 로마 신을 나타낸 동상과 얕은 돋을새김이 시선을 사로잡는다.

종탑 꼭대기

올라가서 시내와 주변 섬의 풍경을 보면 도시의 빨간색 타일 지붕과 오래된 성당 등을 볼 수 있는데 특히 겨울과 봄에 아름답게 눈 덮인 산이 보인다. 날씨가 좋을 때는 돌로미테 알프스까지 보인다.

- 시계탑
- 산 마르코 대성당
- 구행정 관사
- 두칼레 궁전 출구
- 산 마르코 광장
- 대송부
- 탄식의 다리
- 나폴레옹 익관
- 코레르 박물관
- 감옥
- 두칼레 궁전
- 산 마크로 소광장
- 두칼레 궁전 입구
- 산 소비니아나 도서관
- 산 마르코와 산 테오도로(사자)의 기둥
- 산 마르코 바포레토 승선장
- 발레레소 바포레토 승선장

성 마르코 대성당
Basilica di San Marco

도금된 모자이크, 보석이 박힌 가리개, 웅장한 비잔틴풍의 건축 양식 등으로 꾸며진 성 마르코 대성당은 베네치아에서 산 마르코 광장Piazza San Marco과 함께 관광객들이 찾는 관광지이다.

날씨가 맑은 날 어떤 방향에서든 성 마르코 광장을 향해 오면 성 마르코 대성당의 황금빛 첨탑들이 번쩍이는 부분을 볼 수 있다. 현지인들은 이곳을 황금 교회란 뜻의 '치사 도로'라고 부른다. 가까이 다가갈수록 많은 조각과, 양각, 모자이크 등으로 정교하게 장식된 성당 정면이 자세히 보인다.

830년 경부터 시작된 성당 공사는 3번에 걸쳐 증축하여 1060년에 완성되었다. 위에서 성당을 보면 중심에 돔이 있고 십자가의 네 모퉁이마다 돔이 하나씩 더 있는 구조로 특이하다. 오랜 세월동안 성당 건축을 하면서 고딕 양식부터 로마네스크 양식으로 이어져 마지막에는 비잔틴 양식으로 마무리된 성당이다. 마지막으로 내부 공사를 하면서 장식에는 대부분 비잔틴 양식으로 황금빛 모자이크로 꾸며 놓았다.

🌐 www.basilicasanmarco.it 🏠 Piazza San Marco
🕘 9시 30분~17시 15분(일요일과 공휴일은 14시부터 / 마감시간 30분 전까지 입장)
€ 성당 3€(6세 이하 무료), 황금의 제단 5€, 카발리+박물관 7€

종탑에서 바라본 십자가 형태의 대성당의 돔

황금빛 모자이크

황금의 성반 팔라도로

집중 탐구

성당 안으로 들어가기 전에 중앙 출입구 주변의 아치형 구조물을 장식하고 있는 로마네스크 양식의 조각품을 충분히 볼 수 있다. 중앙의 아치형 구조물에는 12개월의 각 달에 해당하는 우화적인 인물과 황도 12궁이 장식되어 있고, 바깥의 아치형 구조물에는 베네치아 무역을 보여주는 장면이 표현되어 있다.

출입구 위의 왼쪽에 장식된 모자이크는 성 마르코 유해에 관한 것인데, 성인의 유해를 알렉산드리아에 빼앗겼다가 828년에 베네치아로 옮겨온 이야기의 한 장면을 나타낸다.

돼지고기 냄새를 싫어하는 이슬람교도에게서 유해를 이동시키는 장면

유해를 싣고 지중해를 건너는 장면

움직이지 않는 성 마르코의 유해를 묘사한 장면

산 마르코 대성당으로 이동하는 유해를 묘사한 장면

청동 문을 지나 현관에 이르면 구약 성서의 장면을 표현한 부분은 성당에서 가장 오래된 모자이크이다. 그리스 십자가 모양으로 생긴 성당의 대표적인 공간으로 들어가면 황홀한 기분까지 느낄 수 있다.

24캐럿 금으로 상감한 8,000㎢ 규모의 모자이크가 바닥부터 천장까지 실내를 장식하고 있는데, 인기 많은 장면으로는 정문 옆에 장식된 "성모 마리아와 사도"와 중앙 돔에 장식된 '예수 승천'이다.

팔라 도로   선한 눈빛과 힘찬 말의 발길질을 표현한 청동 말 진품

성당 뒤쪽에는 가장 중요한 보물이 보관되어 있다. 성 마르코 유해를 보관하고 있는 제단 뒤에는 황금 가리개인 '팔라 도로'가 있는데, 루비, 에메랄드, 진주 등 수천 개의 보석으로 박혀 있고 성인들의 이미지로 상감 장식이 되어 있다.

금고에는 베네치아 십자군 전쟁에서 콘스탄티노플로 약탈된 많은 물품도 볼 수 있다. 성모 마리아의 머리채로 알려진 것을 포함하여 여러 성인들의 유물이 보관되어 있다.

황금의 선반을 보고 나면 2층에 있는 박물관으로 향한다. 천장의 모자이크를 자세히 볼 수 있고 청동 말 진품을 볼 수 있어 대부분 같이 이동한다.

주의 사항

대성당으로 입장하려면 복장에 주의해야 한다. 반바지나 짧은 치마, 민소매는 입장에 제한을 받을 수 있다.

두칼레 궁전
Palazzo Ducale

웅장한 건물은 오랜 시기 동안 베네치아 통치자들의 보금자리였다. 지금도 여전히 부와 권력이 느껴지는 14세기의 도제의 궁전은 정면이 핑크색 대리석으로 꾸며져 있어 성 마르코 광장에서 쉽게 눈에 띈다. 도제의 궁전이라고도 부르는데, 도제Doge라는 뜻은 라틴어 둑스Dux에서 유래된 말로 '군주'라는 뜻이다. 정치적인 합의를 이루어 제한적인 권력을 행사하며 베네치아의 번영을 이끄는 역할을 수행했다.

아치형의 로지아와 벽 위의 요새 같은 봉우리는 바다에서 베네치아로 올 때 바라보면 얼마나 막강한 부와 권력을 누렸는지 느낄 수 있다. 대 의회실의 웅장한 장식부터 럭셔리 아파트까지 궁전의 모든 것은 그야말로 감탄을 자아낸다. 대리석 로지아가 우뚝 솟아 있는 마당부터 구경을 시작하자. 넓은 흰색 계단 꼭대기에는 화성과 해왕성 동상이 광장을 내려다보고 있다.

🌐 www.visitmuve.it 🕘 9~18시(마감 30분 전부터 퇴청을 알림, 1/1, 12/25 휴일)
€ 30€(산 마르코 광장 통합권, 궁전+박물관+도서관 / 6~25세 학생과 어린이는 50%할인)

두칼레 궁전 집중 탐구

도제의 환경

베네치아에서 통치자를 선거로 뽑는 시스템은 7세기부터 18세기까지 지속되었다. 궁전을 둘러보면 통치자(도제)들은 화려한 환경으로 둘러싸여 살았던 느낌이다. 방들은 산마리노 공화국으로 불렸던 시절의 모습을 아직도 간직하고 있는데, 프레스코, 그림, 화려한 벽난로 등으로 꾸며져 있다. 눈을 들어 위를 보면 정교하게 조각된 목재 천장 또한 자체가 예술 작품이다.

안뜰(Cortile) & 거인의 계단

회랑으로 둘러싸인 안뜰은 1, 2층에 아치모양으로 둘러싸여 있다. 안뜰에서 들어서면 무역의 신인 헤르메스와 바다의 신인 포세이돈의 거인 모습으로 제작된 것을 볼 수 있다. 가운데에는 성 마르코를 상징하는 사자상이 보인다. 2층 회랑 안에 있는 사자의 입은 조선시대 영조의 '소원 수리함'처럼 익명으로 투고를 하는 입구로 사용되었다.

대회의실

거인의 계단을 따라 올라가면 가장 크고 화려한 대회의실이 나오는데, 틴토레토의 거대한 작품 천국이 왕좌 뒤로 걸려 있다. 회의실의 모든 방은 틴토레토와 다른 예술가들의 그림과 프레스코, 조각 작품들로 꾸며져 있다.

카사노바 & 카페

전설적인 호색가 카사노바가 한때 갇혀있었던 감옥도 유명하다. 이 감옥은 탄식의 다리를 통해 궁전과 연결되어 있다. 전설에 따르면 수감자들이 수감되기 전에 마지막으로 이곳에서 경치를 바라보며 한숨을 쉬었다고 해서 지어진 이름이다. 박물관 카페에서 성 마르코 광장이 보이는 멋진 전망을 볼 수 있다.

리알토 다리
Ponte di Rialto

베네치아에서 가장 오래되고 가장 상징적인 다리인 리알토 다리 Ponte di Rialto는 낭만적인 경치, 기념품 가게, 거리 공연 등으로 유명하다. 대운하를 따라 수상 버스인 바포레토나 곤돌라를 타고 가다가 어시장을 돌 때쯤 눈을 크게 뜨고 보자. 베네치아의 가장 상징적인 다리가 눈에 들어온다.

리알토 다리 Ponte di Rialto는 1500년대 후반부터 도시의 명물이 되어왔다. 뚜렷한 V자 모양으로 설계된 다리는 높다란 석재 아케이드와 난간이 있어 관광객들이 아래 운하를 따라 지나가는 곤돌라들을 내려다 볼 수 있다.

리알토 다리 Ponte di Rialto는 대운하 중간에 위치해, 시장 지역인 산 폴로와 관광 중심지인 산 마르코를 연결해 주고 있다. 가려면 바포레토나 곤돌라는 타고 리알토 정류장에서 내리거나, 성 마르코 광장 중심에서 북쪽으로 걸어가면 나온다.

리알토 다리 집중탐구

설계자

지붕이 있는 리알토 다리Ponte di Rialto는 이름도 걸맞게 "다리의 안토니오"란 뜻의 안토니오 다 폰테가 건설했다. 다 폰테는 유명한 조각가 미켈란젤로를 제치고 리알토 다리의 건축 계약을 따냈다. 리알토di Rialto는 12세기 후반의 다리를 교체한 것인데, 당시의 실용성과 아름다움이 복합되어 있다.

구조

아치형 구조물은 배가 지나가기에 충분하도록 7.5m의 높이를 갖추고 있으며, 대칭이 되는 아치형 구조와 중앙에 높이 솟은 구조물이 독특하다. 베네치아의 수많은 섬을 연결하는 400여 개의 다리 중에서 리알토 다리Ponte di Rialto가 아마도 관광객들의 사진에 가장 많이 담겼을 것이다.

통로

리알토 다리Ponte di Rialto에 걸어서 오면 다리 꼭대기로 이어지는 3개의 통로를 볼 수 있다. 2개는 양 바깥쪽 난간을 따라 나있고, 가운데로 나있는 길에는 무라노 유리 공예품과 보석, 기타 공예품을 판매하는 가게가 안쪽을 향해 늘어서 있다.

사진을 찍고 싶다면 리알토 다리(Ponte di Rialto)에서~~~

거리의 행상들과 음악 연주자들이 분위기를 늘 활기차게 만들어 준다. 다리 위에서 보이는 풍경은 덧문이 있는 창문이 달린 베네치아 스타일의 집과 레스토랑 아래로 구불구불 흘러가는 대운하의 모습은 환상적이다.

낮에는 활기찼던 분위기가 밤이 되면 조용해진다. 상인들은 가게의 문을 닫고, 다리에 투광 조명이 켜지고 운하의 물결 위로 모습이 비치면 관광객은 다시 사진을 찍으며 추억을 남긴다.

페기 구겐하임 박물관
Collezione Peggy Guggenheim

1976년에 뉴욕의 구겐하임 미술관에 이어 전 세계에서 2번째로 문을 연 페기 구겐하임 박물관Collezione Peggy Guggenheim은 대운하를 따라 아카데미아 다리와 산타마리아 델라 살루테 성당 사이에 위치해 있다. 대부분의 작품은 20세기 초반에 개인이 수집한 것이며 큐비즘, 미래파, 초현실주의, 아방가르드 조각품 등 거의 모든 현대 예술 학파의 작품이 전시되어 있다.

2번째로 문을 연 이유
유럽 최고의 현대 미술관인 페기 구겐하임 미술관이 자리한 거대한 저택은 부유한 미국의 상속녀인 페기 구겐하임이 살던 곳이다. 18세기 건물은 원래 여러 층의 대저택으로 구상되었는데, 어떤 이유에서인지 1개 층만 건축되었다. 왜 미완성으로 남았는지는 아무도 모르지만, 자금이 부족했을 수 있다는 **추측**이 있다.

입구

대운하로 미술관에 오면 페기 구겐하임의 가장 독특한 작품들을 보게 된다. 그중 하나는 마리노 마리니의 1948년 작품인 도시의 천사라는 조각상이다. 말을 탄 나체의 남성이 양팔을 활짝 펼친 모습인데, 노골적인 남근 묘사로 유명하다. 페기는 언제나 논란의 대상이 되는 것을 절대 두려워하지 않았다고 전해진다.

여유를 갖고 미술관의 상설 전시회와 임시 전시회도 둘러보는 것을 추천한다. 칸딘스키, 피카소, 만 레이, 몬드리안, 달리, 막스 에른스트, 잭슨 폴락 등의 작품은 다른 곳에서 쉽게 감상할 수 없는 작품들이다.

🌐 www.guggenheim-vinice.it 🏠 Palazzo Venier dei Leoni Dorsoduro, 704(1번 살루페 승선장 하차)
🕐 10~18시(폐장 30분 전까지 입장 가능, 휴일 : 매주 화요일, 12/25)   € 16€(10~16세 9€ / 9세 이하 무료)

Bolzano
볼차노

볼차노
BOLZANO

북부 이탈리아의 고지대에 오르면 알프스 산맥 기슭에 위치한 중세 마을 볼차노가 나타난다. 한때 오스트리아에 속해 있던 볼차노Bolzano는 이탈리아 알프스를 즐기고 위해 거쳐 가야 하는 거점 도시이다. 이탈리아 도시이지만 마치 독일이나 오스트리아 분위기의 도시는 오스트리아에 속해있던 시간이 길었기 때문에 이탈리아어와 독일어가 공존한다.

한눈에 볼차노 파악하기

케이블카를 타고 마을 북쪽의 레논 플라토에 올라가는 길에는 드넓은 언덕 위에 펼쳐지는 계단식 포도밭과 '흙 피라미드earth pyramid'라 불리는 뾰족한 바위를 볼 수 있다. 정상에 오르면 볼차노 동쪽으로 한 줄로 늘어선 험준한 사암 봉우리인 돌로미티와 도시의 전경을 감상할 수 있다.

발터 광장의 좁은 자갈길을 거닐며 본격적인 볼차노 여행을 시작한다. 봄이 오는 4월 말에는 광장 중앙의 동상이 꽃으로 둘러싸여 화려하게 장식된 모습을 볼 수 있다. 광장에 인접한 성모 승천 성당당에는 1300년대에 제작된 예수 수난상 프레스코 벽화가 보존되어 있다.

볼차노는 티롤 지방의 도시로 독일어를 사용하는 합스부르크 왕가에 속했다. 오랜 세월 오스트리아 마을이던 볼차노는 20세기에 초입에 이탈리아로 편입되었기 때문에 두 개의 정체성을 가지고 있다. 20세기 초에 민족주의가 나타나면서 티롤지방으로 정체성이 강화되었다. 그러나 1차 세계대전에서 오스트리아가 패전하고 합스부르크 왕가가 몰락하면서 남 티롤은 이탈리아로 편입되었다. 인구의 1/4은 여전히 독일어를 사용하고 있고, 도시의 모든 지명과 사물 이름은 이탈리아어와 독일어를 혼용하고 있다.

볼차노는 이탈리아, 오스트리아에서 자동차로 이동이 쉽다. 버스와 기차를 이용하여 이탈리아 알프스로 이동하기도 한다. 도시 내 도로에 차량 출입이 금지되는 경우도 있기 때문에 도심에서는 도보나 대중교통을 이용하여야 한다.

볼차노 대성당
Bolzano Cathedral

볼차노 기차역에서 내려 북서쪽으로 5분 정도 걸으면 나오는 볼차노 대성당은 중세 지구에서 가장 매력적인 건축물이다. 가고일로 장식되고 꼭대기에는 큰 첨탑이 있는 붉은색과 노란색의 사암 파사드가 사람들의 시선을 사로잡는다.

첫 번째 교회는 12세기 후반에 여기에 지어졌지만 건물이 현재의 고딕 외관을 얻은 것은 14세기이다. 16세기에 조각가 한스 루츠 폰 슈슨리트 Hans Lutz von Schussenried가 설계한 종탑이 완성되면서 지금에 이르렀다.

인접한 광장을 향해 있는 화려한 레이타쳐 토르Leitacher Törl 문은 전통적인 볼차노 의상을 입은 포도원 노동자들의 이미지로 장식되어 있다. 순례자, 십자가에 못 박힌 예수, 경건한 인물을 묘사한 프레스코화가 있다. 과거에는 어머니들이 성모 마리아의 그림을 보고 자식들의 언어 문제를 치료할 수 있기를 바라면서 헌금함에 돈을 남기기도 했다. 둥근 천장과 웅장한 설교단, 받침대의 패널은 천사들로 장식되어 있으며, 설교단 자체는 전도자들을 묘사하는 부조로 꾸며져 있다.

성당 유물 박물관 안에는 중세와 바로크 양식 장식품의 컬렉션으로 전시되어 있다. 순금과 은 동상, 호화로운 예복과 르네상스 시기의 성서 등이 있다.

발터 광장
Piazza Walter

중앙에 독일 시인에 대한 대리석 네오 로마네스크 기념비가 있는 발터 광장은 레스토랑과 카페가 줄지어 있는 보행자 전용 광장이다. 사우스 티롤의 푸른 산들과 볼차노 대성당의 첨탑이 광장을 내려다보고 있다. 과거에 막시밀리안 광장Maximilian-Platz와 요하네스 광장Johanns-Platz으로 불리기도 했던 발터 광장Piazza Walter은 바이에른 왕실 소유였던 땅에 19세기 초에 지어졌다.

광장의 가장 유명한 랜드마크는 광장의 남서쪽 모퉁이에 위치한 볼차노 대성당으로, 고딕

양식과 로마네스크 건축 양식이 조화를 이루고 있다. 카페에서 음료를 마시고 휴식을 취하면서 기분 좋은 여유로운 분위기를 즐기는 사람들로 항상 광장은 북적인다.

광장의 중앙에 12세기 시인 발터 폰 데어 포겔바이데^{Walther von der Vogelweide}의 동상이 서 있다. 1935년 파시스트 시대에 이 조각상은 치워졌지만 제2차 세계대전 이후에 복원되었다. 1889년에 세워진 큰 대리석 기념비는 시인이 사자 조각상 위의 연단에 서있는 모습을 묘사하고 있다.

도시의 중세 지역을 나누고 광장에서부터 뻗어 나가는 고풍스러운 골목길이 아름답다. 광장 안팎의 상점에서 기념품을 구입하고 광장에 있는 카페에서 휴식을 즐기기에 좋다. 5월 말에 열리는 꽃 시장에서는 정교한 꽃 장식이 광장의 발코니와 가판대를 장식한다. 11월 말에서 1월 초까지 이어지는 크리스마스 마켓도 도시 분위기를 밝게 해준다.

승전 기념비
Monumento alla Vittoria

승전 기념비는 제1차 세계대전이 끝날 때 이탈리아 사우스 티롤의 합병을 축하하기 위해 건립된 건축물이다. 전체주의 독재자 베니토 무솔리니Poitón Mussolini의 지시로 세워진 기념비는 이탈리아 파시스트 건축의 예이다. 1928년에 처음 개관한 기념비의 아치는 이 지역의 독일과 이탈리아 집단 사이에 분열을 초래했다. 2014년에 다시 대중에 공개되기 전에 오랜 세월 동안 울타리를 쳐져 있기도 했다.

기념비는 베르가모의 잔도비오 대리석으로 만들어졌다. 파사드 위의 라틴 문자는 번역하면 "여기 조국의 국경에 표시물을 세운다. 이 지점에서부터 우리는 다른 사람들에게 언어, 법률, 문화를 교육했다."라는 의미이다. 떠있는 천사의 조각상이 문구 위에 자리 잡고 있다.

기념비 안에 있는 BZ 18~45 박물관에는 이전에 이탈리아화를 위한 시도와 이를 반대하는 정치 이데올로기와 다른 언어로 인해 조성된 긴장을 기록하고 있다.

남 티롤 고고학 박물관
South Tyrol Museo of Archaeology

알토 아디제 고고학 박물관에는 세계에서 가장 오래된 미라 중 하나인 '아이스맨 외치'가 전시되어 있다. 1991년에 이탈리아 알프스에서 발견된 냉동 미라는 5,000년이 넘은 것으로 알려져 있다. 미라와 함께 매장되어 있었던 옷과 무기를 포함하여, 박물관 3층 전체에는 미라 발견과 관련되어 전시되어 있다.

1층
어떻게 '외치'의 발견을 처음으로 보도했는지 보여주는 전시가 있다. 그런 다음 2층으로 올라가서 그의 소장품을 확인하면 된다. 염소 가죽 각반 한 번, 곰 가죽 모자, 풀과 사슴 가죽 신발, 가죽 샅바, 단검, 화살대, 구리로 만든 손도끼 등이 있다.

2층
고대 미라가 영하 6도의 일정한 온도와 높은 상대 습도에서 보관되는 냉장실의 창으로 들여다 볼 수 있다. 미라가 발견된 빙하의 상태를 반영한 것으로 '외치'는 이집트의 파라오를 보존하는 데 사용되는 것과 같은 인위적인 변화 과정을 거치지 않은 자연 발생적인 미라이다.

3층
25년 동안의 미라 연구에 대한 전시가 있다. '외치'가 살았던 방식, 앓았던 질병, 죽음을 초래했을 원인에 대한 아이디어에 초점을 맞추고 있다.

🌐 www.iceman.it 🏠 Via Museo 43, 39100 🕐 10~18시(30분 입장가능)
€ 13€(노인, 장애인, 어린이, 학생 10€ / 만 6세 미만은 무료) 📞 0471-320-123

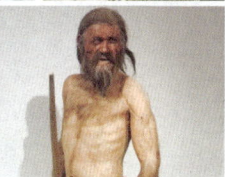

Dolomiti
돌로미티

돌로미티
DOLOMITI

유럽에 있는 알프스 산악지역은 스위스, 프랑스, 이탈리아, 오스트리아, 독일, 슬로베니아, 리히텐슈타인의 7개국에 국경을 맞닿아 있다. 알프스 7개국 중 가장 많은 국경을 맞대고 있는 알프스의 중심이다. 1956년 동계올림픽 개최 이후 동계스포츠를 즐기려는 사람들이 찾아오면서 고립된 돌로미티(Dolomiti) 지역은 관광지로 거듭나게 되었다.

이탈리아 알프스, 돌로미티에 가야 하는 이유

이탈리아 알프스 지역은 알프스의 동부이며 이탈리아 북부에, 북쪽으로는 오스트리아 국경을 마주하고 남 티롤이라 부르는 돌로미테 산군은 벨루노현, 볼차노 현, 트렌토 현에 걸쳐 있다. 파노라마의 향연 장엄한 풍광과 흥미로운 액티비티, 휴양과 관광을 동시에 즐길 수 있는 아직 우리에게 잘 알려지지 않은 마지막 보석 같은 돌로미티Dolomiti로 떠나려는 여행자가 늘고 있다.

유네스코 세계문화유산
2009년 6월 26일 유네스코는 돌로미티Dolomiti의 자연의 아름다움을 유네스코 세계유산으로 등재되어 총면적이 141,903㎢로서 제주도의 3배에 이르는 광범위한 면적을 가지고 있다. 독특한 산악 지형구조는 알프스 초목이 부드럽게, 조화롭게 덮고 있는 고요한 산악 계곡 형상을 보여주고 있다.

간략한 코르티나 역사

코르티나 산악지대는 목축을 생업으로 하는 정착지로 시작하여, 산림지대 환경특성을 최대로 살린 생산업과 목재 제품 상업이 활성화 되었다. 지리적 위치의 특성으로 인해 베네치아 공화국 및 400여 년간 오스트리아 헝가리 제국에 소속되어 성장해 왔으며, 1800년 중반기에 철도선 설치로 부유층 영국인, 독일인, 소련인 여행자들의 휴양지로 알려지면서 돌로미티 산악지내에서도 손꼽히는 경제도시로 발전하게 되며, 관광객 유치를 위해 대규모 호텔과 최초 레저 스포츠 시설을 갖추게 되었다.

돌로미티Dolomiti의 이름과 전 세계인에 각인된 계기는?

알프스 산맥 중 가장 아름다운 산악지역으로 알려진 돌로미티Dolomiti는 독특하고 유일한 아름다움을 느끼게 한다. 산맥의 이름은 18세기에 산맥의 광물을 탐사했던 프랑스 지질학자인 데오다 그라테 드 돌로미외Déodat Gratet de Dolomieu에서 유래된 이름이다. 1800년도 낭만주의 시대부터 자연의 풍경이 주요 관심사가 되면서 더욱 관심을 끌게 되었다. 1990년대 후반의 영화였던 실베스타 스텔론 주연의 '클리프행어'가 전 세계적인 흥행을 하면서 촬영지가 미국이 아니라 이탈리아라는 사실이 알려져 촬영지로 각인시켰다.

About
돌로미티

이탈리아 알프스는 어디?

흔히 알프스라면 스위스를 떠올리지만, 지도를 놓고 보면 알프스에서 가장 높은 산인 몽블랑(4,807m)은 프랑스에 있다. 오스트리아의 비엔나 근교 숲에서 발현한 알프스는 슬로베니아를 지나 이탈리아, 스위스, 독일 남부, 프랑스에서 큰 산을 만들고 모나코 앞 지중해 바다로 사라지는 유럽의 명산이며, 이탈리아 알프스는 알프스의 남쪽 측면을 공유하여 어떤 나라보다 알프스 면적이 넓다.

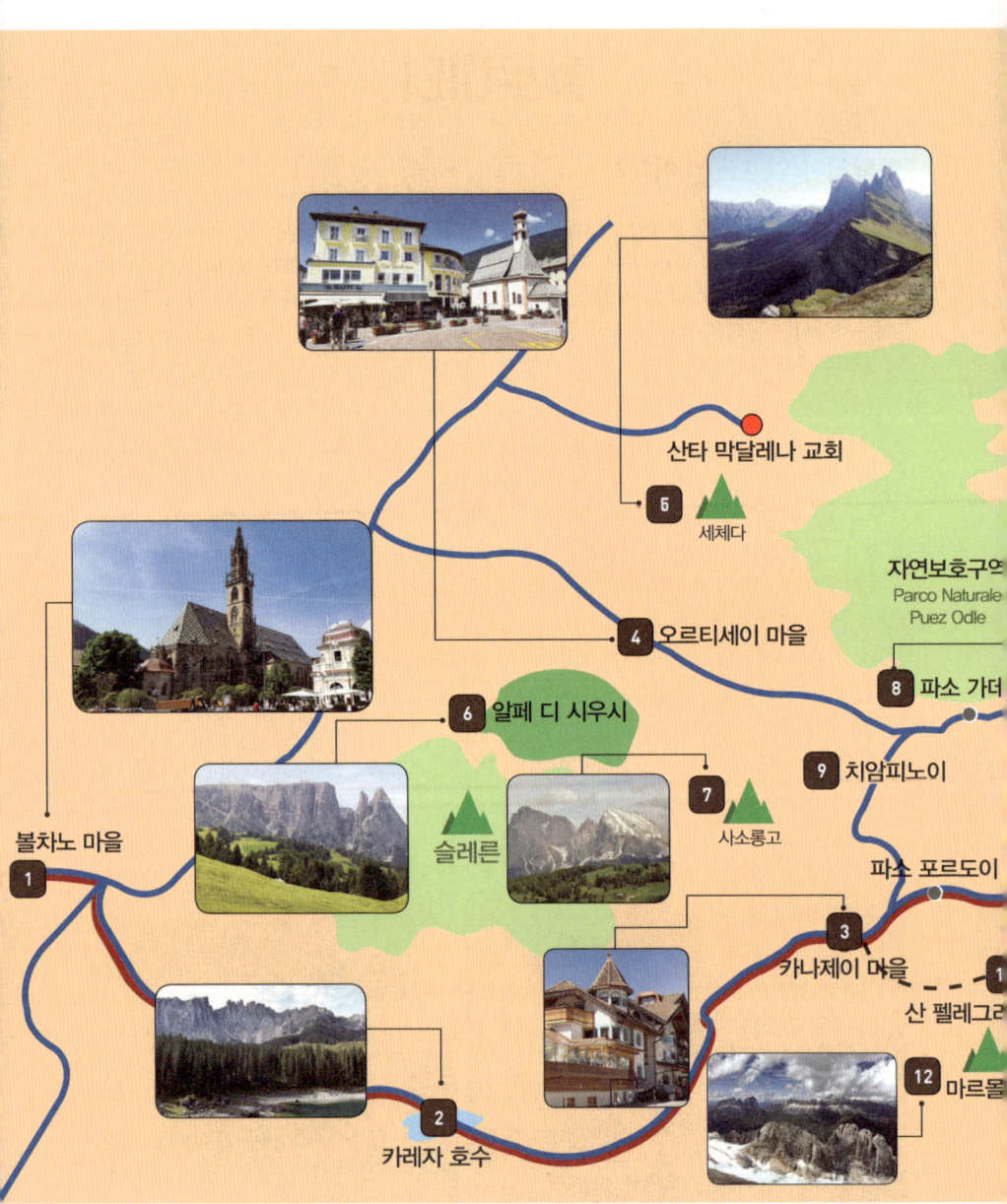

돌로미티 여행

볼차노, 오르티세이 출발

돌로미티Dolomiti는 팔자레고Falzarego 고개를 중심으로 서쪽과 동쪽으로 나뉜다고 할 수 있다. 서쪽과 동쪽의 매력이 다르기 때문에 여행자들은 각각 볼차노와 베네치아에 거점을 두고 돌로미티 여행을 하게 된다. 서쪽의 볼차노에서 출발하지만 오르티세이Ortisei는 돌로미티Dolomiti 서쪽 여행의 주요 거점이 되는 작은 마을이다. 이태리 북부 마을이지만 스위스와 독일의 영향을 받은 건물들이 있고, 주민들은 독일어를 쓰기도 한다.

1 볼차노(Bolzano)

알프스 산맥의 한 부분인 돌로미테의 아름다운 자연 경관을 감상하기 위해 꼭 들려야 하는 도시이다. 알프스 산맥이 그림처럼 펼쳐져 있고, 광활한 포도밭과 와이너리가 반겨주는 곳이다. 이탈리아 최북단 도시인 볼차노Bolzano는 오스트리아의 분위기를 느낄 수 있는 문화의 교차로이다.

눈에 보이는 풍경은 알프스 산맥이지만, 이탈리아어와 독일어가 함께 들려오기 때문에 신기하게 느껴진다. 주변의 자연풍경이 지루해지면, 고즈넉함과 우아함이 공존하는 아케이드를 따라 이어진 상점들을 구경하며 도시를 둘러보자. 맑고 눈부신 자연이 풍요로운 삶의 여유와 어우러지는 운치 있는 도시, 볼차노Bolzano 앞에 펼쳐지는 풍경이 그림일까, 사진일까 고민하게 되는 도시이다.

2 카레자 호수 (Lago di Carezza)

호수에 비치는 돌 산으로 유명하다. 여행가들이 선정한 아름다운 돌로미티Dolomiti 3경 중 하나라고 한다. 이 곳의 에메랄드 빛 호수는 눈이 녹아 흘러내리는 물과 해저에서 솟아나는 샘물로 이루어져 있다.

호수의 빛깔은 말로 표현하기 힘들 정도로 오묘하고 그 위로 비치는 돌산과 하늘의 절경에 관광객들이 찾아가는 장소이다. 계절에 따라 호수 물의 빛깔과 호수의 수위가 달라지는데, 10월이 가장 높고 봄에 가장 낮다. 호수 주위로 조성된 산책로를 여유롭게 걸으며 사진을 찍는 재미에 빠질 것이다.

3 카나제이 (Canazei)

파사 계곡의 중심으로 북쪽으로는 셀라 산군, 남동쪽으로는 마르몰라다 산군에 둘러싸인 곳이다. 겨울에는 스키리조트를 찾는 사람들에게, 여름에는 셀라산군과 마르몰라다 산군을 여행하는 여행자들의 베이스캠프이기도 하다.

카나제이가 자리 잡고 있는 곳은 카사 계곡 Val di Fassa로, 이 계곡의 중심이 카나제이라고 할 수 있다. 주변에는 벨베데레 등 많은 전망대가 위치하고 있어 일정에 따라 원하는 전망대에 올라 아름다운 풍경을 볼 수 있다.

> 파노라마 패스나 발디 파사 카드를 이용하면 조금 더 저렴하게 여행이 가능하다.

4 오르티세이 (Ortisei)

해발 1,236m 에 위치한 이탈리아 알프스에서 가장 아름다운 마을 중에 하나로, 1970년에 알파인 스키 세계 선수권 대회가 열리기도 했다. 발가르데나에 속하는 오르티세이는 동편으로는 산타크리스티나St Cristina, 셀바Selva 마을이 이어져 있다. 많은 집들이 예쁜 꽃들로 장식돼 있어 마을을 둘러보면 마음이 안정된다.
곳곳에 앉아서 풍광을 즐기는 벤치가 마련되어 있어 누구나 천천히 마을을 둘러보게 된다. 돌길 위에 세운 역사적인 건물들, 오랜 전통의 호텔. 프로슈토와 치즈, 와인 등을 파는 상점, 술통으로 테이블을 만든 와인바, 카페와 교회도 보인다.

트레킹

오르티세이에서 가장 경이로운 풍경을 자랑하는 곳은 남쪽에 있는 알페 디 시우시(Alpe Di Siusi)이다. 이곳은 케이블카를 타고 올라야 하는데 케이블카 한 대에 15명까지 탈 수 있다.
이곳에 오르면 뾰족하게 튀어 오른 사소룽고(Sasso lungo)와 사소피아토(Sasso Piatto) 봉우리를 볼 수 있다. 사소룽고는 3,181m의 높이로 돌로미티에는 2,750m 이상의 봉우리가 35개나 널려 있다. 트레일을 따라 사소룽고 방향으로 걸어 가면 다양한 모습의 돌로미티를 감상할 수 있다
오르티세이에서 북쪽으로는 세체다봉이 있는데 케이블카로 올라갈수 있으며, 동편으로 오들러산군과 남쪽으로는 아래 마을과 시우시 등 넓은 발가르데나 계곡의 풍광을 볼수 있다.

5 세체다 (Seceda)

오르티세이Ortisei에서 곤돌라를 타고 푸르네스Furnes, 푸르네스Furnes에서 케이블카를 타고 이동이 가능하다. 케이블카를 타고 아름다운 풍경만 둘러보고 내려와도 좋지만, 다양한 트래킹 코스가 있으니 직접 걸으면서 자연을 느껴보자. 내려가는 케이블카도 코스마다 다르기에 올라갈 때와 내려갈 때 다른 케이블카를 타보면 다른 자연 풍경에 감탄할 것이다.

6 알페 디 시우시 (Alpe di Siusi)

산악가들이 지상천국이자 자유의 최고점이라고 생각하는 곳이 바로 이탈리아의 돌로미티 산맥이다. 유럽에서 가장 높고 큰 규모로 자리 잡은 고원, 알페 디 시우시는 절경이 뛰어난 곳이다. 해발 2,000m의 알페 디 시우시(Alpe di Siusi)는 축구장 8000개 크기인 56㎢에 이르는 광대하고 평평한 초원이다.

여름에는 알프스의 수많은 야생화가 꽃망울을 터트리고 청정한 바람을 즐기는 트래킹과 산악자전거를 타는 사람들로 넘쳐난다. 겨울이면 햇살에 눈부시게 반짝이는 흰 눈이 포근한 담요처럼 뒤덮인 초원에 스키, 스노보드를 타는 겨울 스포츠 마니아들로 가득 찬다. 돌로미티 봉우리들은 자연이 빚어낸 신비로운 형상을 푸른 초원 위로 선보이고 있다. 알페 디 시우시 초원에 서서 사방을 둘러보며 돌로미티의 대자연이 선사하는 경이로움은 평생의 추억이 될 것이다.

7 사소룽고 (Sasso lungo)

알페 디 시우시 Alpe di Siusi에서 케이블카를 타고 이동하면 뾰족하게 튀어 오른 사소룽고 Sasso lungo와 사소피아토 Sasso Piatto 봉우리를 볼 수 있다. 사소룽고는 3,181m의 높이로 돌로미티에는 2,750m 이상의 봉우리가 35개나 널려 있다. 트레일을 따라 사소룽고 방향으로 걸어가면 다양한 모습의 돌로미티를 감상할 수 있다.

8 파소 가르데나 (Passo Gardena)

바위 성벽 넘어 웅장한 산 사이로 보이는 파소 가르데나는 서쪽의 발 가르데나[Val Gardena]에서 코르티나 담 페초가 위치한 동쪽으로 넘어가는 고갯길 중 하나이다. 구불구불하고 좁은 길을 자동차로 달리거나, 두발로 걷다 보면 웅장한 바위로 이루어진 셀라 산군과 마주할 수 있다. 리프트를 타고 위에 올라 봐도 푸른 들판 위로 생긴 구불구불한 길은 자체가 아름답다.

9 치암 피노이 (Ciam Pinoi)

셀라와 사소룽고를 한 번에 볼 수 있는 치암 피노이Ciam Pinoi는 벨 가르데나 마을에서 케이블카를 타고 갈 수 있다. 다른 정상과 마찬가지로 산장이 마련되어 있고, 간단한 음식을 먹거나 커피를 마시며 쉬어 갈 수도 있다. 돌로미티의 아름다운 산 위 노란 의자에 앉아 산책 후 여유를 즐기는 것도 좋다.

10 아라바 (Arabba)

파쏘 포르도이의 작은 마을인 아라바Arabba는 파쏘 포르도이 근처에 있는 작은 마을이다. 다른 돌로미티 마을들처럼 스키 리프트가 많고, 하이킹을 위한 거점이 되어주는 곳이다. 크고 작은 언덕으로 이루어진 마을에는 다양한 형태의 숙소들이 준비되어 있다. 파쏘 포르도이 트레킹을 준비하고 있다면, 아라바Arabba에서 머무는 것도 추천한다.

11 산 펠레그리노 (San Pellegrino)

산 펠레그리노는 돌로미티의 최고봉인 마르몰라다 산군에 속해 있는 고개이다. '산 펠레그리노'라는 이름은 탄산수 이름으로 1395년 이곳에서 탄산수가 탄생했다고 전해진다. 들판을 거닐며 트레킹을 즐기기에 좋은 곳이다.

12 마르몰라다 (Marmolada)

해발 3,343m에 이르는 돌로미티의 최고봉은 마르몰라다Marmolada이다. 하얗고 아름다운 만년설로 가득한 산봉우리이며, 7월~9월 중순까지는 케이블카를 이용해 편안하게 정상까지 오를 수 있다. 종착지는 마돈나Madonna 돌로미티로, 해발 3,250m에 달하는 만큼 2~3번의 케이블카 환승이 필요하다. 고지대에기에 추울 수 있으니 미리 얇은 경량패딩을 준비하는 것도 필요하다.

13 파소 팔자레고 (Passo Falzarego)

파네스 고원을 넘어가는 고갯길, 파소 팔자레고Passo Falzarego가 나온다. 팔자레고Falzarego라는 이름은 '실패한 왕falso re'에서 기원했다. 파네스 왕국의 라딘 전설에 의하면, 강한 전사인 도라실라 공주를 앞세워 영토를 확장하던 파네스 왕은 자신이 모든 승리의 업적을 얻기 위해 그녀의 은색 갑옷이 붉게 변하는 것을 보고 적과 내통해 왕국을 배신했다고 사람들에게 알린다. 결국 전투 중에 그녀는 사망하게 되고, 전쟁의 패배로 이어진다.
백성과 왕국을 저버린 왕은 팔자레고 고개의 바위로 굳어버렸다고 전해진. 고갯길을 지날 때, 왕의 얼굴을 찾아보는 것은 어떨까?

14 라가주오이 산장 (Refugio Lagazuoi)

돌로미티의 동쪽 부분에 있는 산장으로 코르티나 담페쵸에서 동쪽으로 약 17km 떨어져 있다. 파소 팔레자고 정상에서 케이블카를 타면 정상 인근에 산장이 나타난다. 이곳의 첫 번째 목적은 대피용이지만 케이블카가 설치된 이후로 산장에서 보이는 풍경이 아름다워 관광객이 자주 찾는 장소가 되었다. 특히 산장에서 360도를 돌면서 보이는 풍경을 어느 곳보다도 장엄하다.

해발 2,750m 라가주오이 산장Refugio Lagazuoi에서 보낸다면 아침 일찍 일출을 꼭 보아야 한다. 산장 테라스에서 바라보던 파노라마 뷰와 조금씩 떠오르는 빛을 받으면 바뀌던 풍경은 환상적이다. 새로운 아름다움에 매료될 것이다.

돌로미티의 산장

산장이라는 뜻의 이탈리아어 'Refugio' 대피소나 휴게소의 개념이다. 돌로미티에는 트레킹 코스마다 다양한 산장이 있다. 최근에는 인기가 높아지면서 미리 예약을 하지 않으면 여름이 다가올수록 산장의 예약은 하늘의 별따기처럼 힘들다. 홈페이지에서 룸(방)을 고르고 성함, 신용카드 번호 등을 넣으면 예약은 쉽게 가능하다. 예약이 가능하다는 메일을 받으면 그때 보증금을 미리 결제하면 된다.

15 친퀘토리 (Cinque Torri)

친퀘토리Cinque Torri는 다섯 개의 봉우리를 의미하며, 해발 2,361m에 위치하고 있다. 코르티나 담페초와 오르티세이 사이에 위치하고 있어 여름에는 오랫동안 머물며 하이킹을 즐기려는 사람들이 많다.

멋진 절경으로 사진작가들이 돌로미티Dolomiti에서 가장 사랑하는 스팟이기도 하다. 시간에 따라 풍경이 달라지지만 보는 방향에 따라서도 풍경의 느낌이 다르게 다가온다. 올라가는 하이킹 코스와 내려오는 하이킹 코스를 다르게 해 친퀘토리의 매력을 즐기려는 트레킹 족들이 대부분이다.

16 파소 지아우 (Passo Giau)

해발 2,236m 높이의 아름다운 산길로, 이 곳에 다다르면 정면에 라 구셀라La Gusela라는 이름을 가진 거대한 봉우리를 볼 수 있다. 풍경만을 즐겨도 좋지만, 트래킹을 즐기고 싶다면 La 라 구셀라Gusela에 이어진 봉우리들까지 한 바퀴 둘러 다시 파소 기아우로 돌아올 수도 있다.

17 코르티나 담페쵸 (Cortina d'Ampezzo)

세계에서 가장 아름다운 알프스 지역 중 한 곳에 위치한 작은 마을은 돌로미티의 진주로 불린다. 코르티나 담페쵸 Cortina d'Ampezzo는 유네스코 세계문화유산으로 등재된 돌로미티 Dolomiti 내에 위치한 아름답고 고전적인 알프스의 거점 도시이다.

코르티나 담페쵸는 1959년 제7회 동계올림픽이 열렸지만 작은 마을이다. 작은 마을 같은 도시이지만 다양한 즐길 거리와 요리를 맛보고 1년 내내 펼쳐지는 다양한 아웃도어 스포츠를 즐길 수 있다.
코르티나 담페쵸 Cortina d'Ampezzo는 스키를 타면서 겨울 휴가를 보내는 스키타운 Ski Town이었다. 하지만 최근에는 트레킹 같은 다양한 야외활동이 결합되어 항상 사람들로 북적이면서

겨울과 여름 모두 성수기가 되었다. 겨울은 스키의 천국이고 여름은 뜨거운 이탈리아를 벗어나 휴가를 보내는 사람들로 붐빈다. 여름에는 시원한 바람을 맞으며 장엄한 지형을 이용하여 케이블카를 타고 하이킹을 하거나 산악자전거를 즐기려고 찾는다. 다양한 하이킹과 트레킹 코스가 잘 발달되어 한나절부터 1달 이상 장기체류가 가능하다.

18 미주리나 호수 (Lago di Misurina)

트레치메 라바레도의 인근에 있는 호수로 소풍을 가거나 점심을 즐기며 호수의 풍경을 보는 것도 좋다. 이동하다가 보이는 미주리나 호수는 호수 입구에 큰 건물이 있다. 이 건물은 천식치료 센터로 호수가 보이는 아름다운 풍경으로 유명하다. 코르티나 담페쵸에서 약 30분 정도 차로 이동하면 볼 수 있기 때문에 찾는 관광객이 많다.

19 트레치메 디 라바레도 (Tre Cime di Lavaredo)

돌로미티 트레킹의 하이라이트는 트레치메 자연공원 Parco natuale Tre Cime 내 있는 트레치메를 한 바퀴 도는 코스라고 할 수 있다. '트레치메 Tre Cime'란 세 개의 거대한 바위산을 일컫는 말이고 '라바레도 Lavaredo'는 지명을 의미한다.

바위의 수직 높이만 600m에 달한다. 작은 봉우리란 의미의 치마 피콜로(해발 2,856m)와 가장 높은 봉우리를 의미하는 치마 그란데(3,003m), 동쪽에 있는 봉우리란 의미의 치마 오베스트(2,972m)가 나란히 붙어있다. 돌로미티에서 가장 인기가 높은 곳으로 누구에게나 사진을 찍고 싶은 충동이 일어나게 만드는 장소이다.

트레치메는 코르티나에서 북동방향 자동차로 1시간 정도거리에 위치해 있다. 미주리나 호수를 중간에 볼 수 있다. 아우론조 산장Rifugio Auronzo은 트레치메 기점으로 차로 굽이진 길은 오올라 산장 앞에 서면 장엄한 풍경을 보고 울퉁불퉁한 산세가 눈앞에 사방으로 펼쳐진다.

트레킹

》5~6시간 코스

아우론조 산장에서 시작하여 트레치메(Tre Cime)를 한 바퀴 돌아 로카텔리 산장에 도착한다. 산장 앞에는 돌탑이 하나 세워져 있는데, 거기엔 산장을 세운 제프 이너코플러(Sepp Innerkopler)의 흉상이 새겨진 동판이 있다.

여기서 트레치메(Tre Cime)의 웅장하며 아름다운 풍광을 보고 다시 라바레도 산장을 거쳐 아우론조 산장으로 돌아오는 5~6시간 코스가 있다. 코스내 펼쳐지는 비경은 평생의 기억이 될 것이다.

》3~4시간

아우론조 산장에서 로카텔리(Rif. Locatelli) 산장을 왕복하는 코스로 대부분의 관광객은 이 코스를 주로 선택한다.

제프 이너코플러 (Sepp Innerkopler)

제프 이너코플러(Sepp Innerkopler)는 오스트리아의 산악부대를 이끈 사람으로 전쟁 중에 사망했다. 산장 주변에는 1차 대전 당시 이탈리아와 오스트리아가 싸운 흔적들이 남아 있다. 일명 산악 전쟁이라고도 하는데 이탈리아의 알피니 부대만 12만 명이 전사했다고 전해진다.

리카르도 카신 (Ricardo Casin)

이탈리아가 낳은 세계적인 등반가 리카르도 카신(Ricardo Casin)이 1930년대 돌로미테를 처음으로 등정하여 널리 이름을 떨친 세계적인 등반역사가 있는 곳이다.

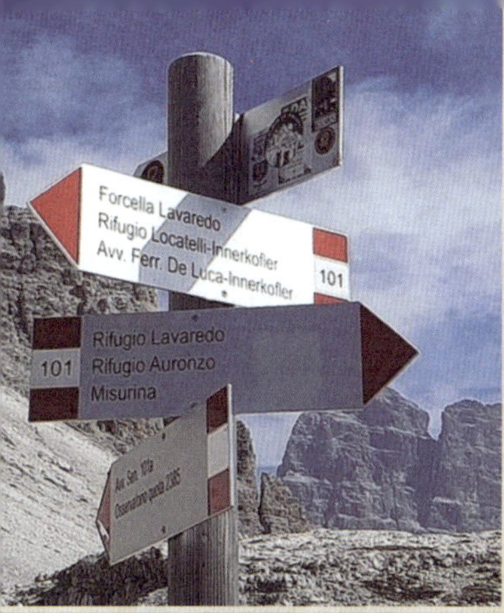
Forcella Lavaredo
Rifugio Locatelli-Innerkofler
Avv. Ferr. De Luca-Innerkofler
101
101
Rifugio Lavaredo
Rifugio Auronzo
Misurina

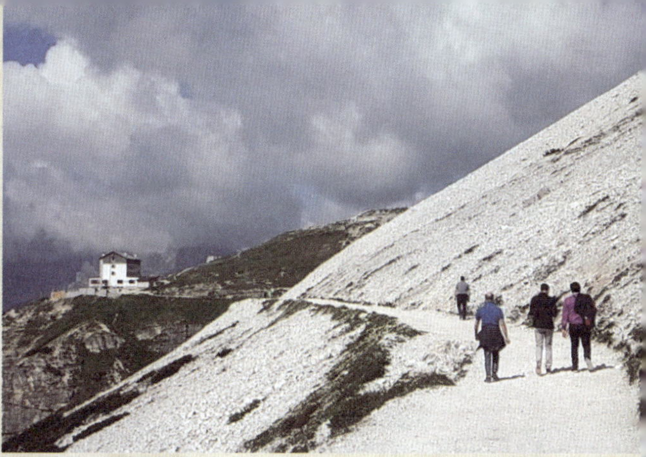

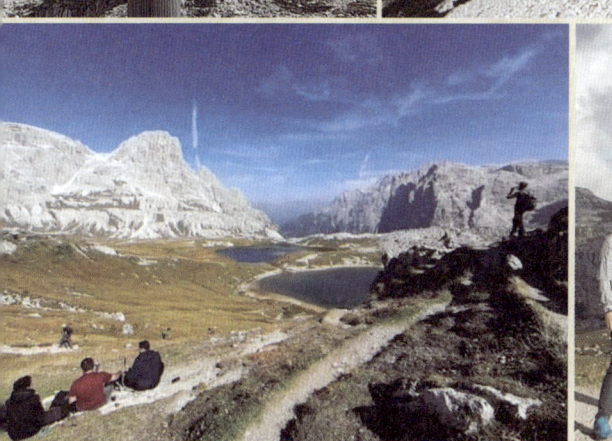

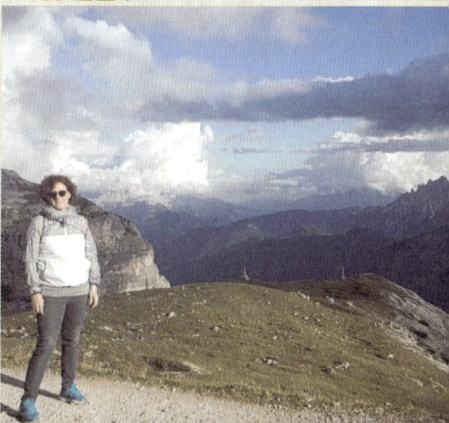

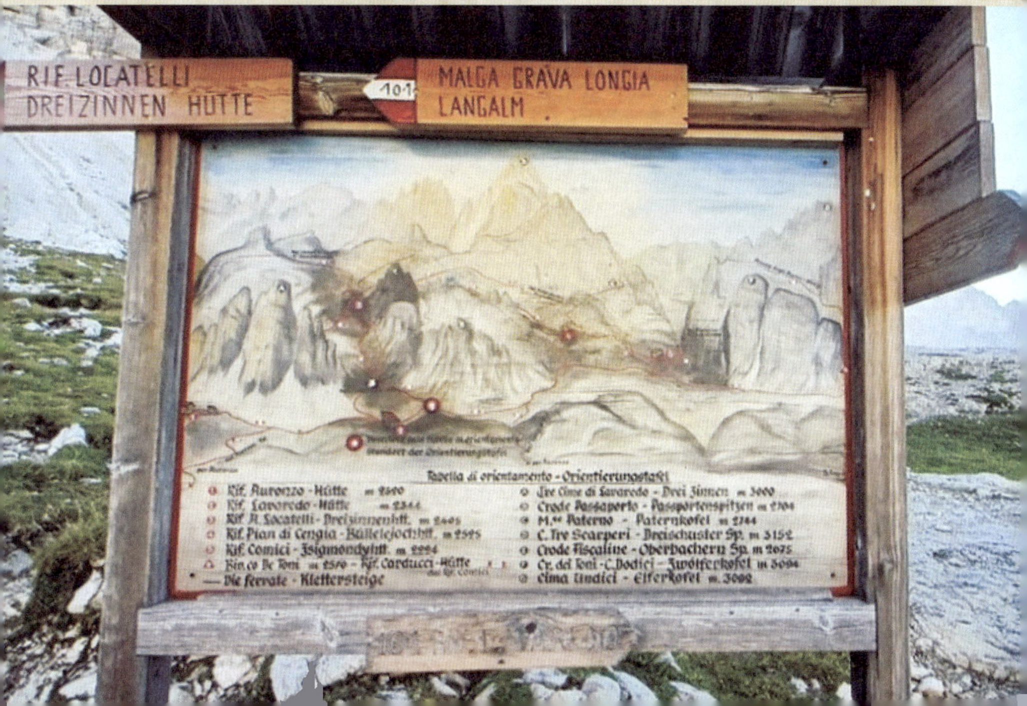
RIF. LOCATELLI
DREIZINNEN HÜTTE
101
MALGA GRAVA LONGIA
LANGALM

20 아우론조 산장 (Rifugio Auronzo)

트레 치메에 있는 3개의 산장 중 하나이다. 라가주오이 산장(Refugio Lagazuoi)은 케이블카로 접근이 쉽고, 아우론조 산장(Rifugio Auronzo)은 자동차로 접근이 쉽다. 이 산장에 주차를 하고 30분 정도를 걸어가면 라바레도 산장이 나오고 90분 정도를 더 걸어가면 로카델리 산장이 나온다. 그래서 이 산장을 따라 걷는 길이 트레킹 코스처럼 이용되고 있다.

21 브라이에스 호수 (Lago di Braies)

제2차 세계 대전 중에는 강제 수용소 수감자들을 티롤로 이송하는 목적지였다. 해발 1,500m, 프라그스 계곡Prags Valley 에 위치한 브라이에스 호수Lago di Braies는 카레자 호수와 함께 돌로미티를 대표하는 3대 호수로 알려져 있다. 호수는 관광객에게 인기가 높아져 '알프스의 진주'라는 별명을 얻었지만, 2020년 현재 여름 하루에 17,000명이 방문할 정도로 관광이 과도해졌고, 2023년 여름부터 차량 접근이 제한되었다 .

Milano
밀라노

밀라노
MiLANO

이탈리아 롬바르디아 주도인 밀라노Milano는 국제적인 문화로 정의되는 활기 넘치는 대도시이다. 전 세계에 패션의 중심지로 알려진 밀라노는 이탈리아 금융의 중심지이기도 하다. 밀라노는 제2차 세계대전을 치르면서 일부 파손되었지만 수없이 많은 고대의 아름다운 기념물을 간직하고 있다.

인구가 500만 명이 넘어 유럽 최대 규모의 도시이기도 한 세련된 이탈리아 북부 수도인 밀라노를 거닐면서 예술적인 문화유산과 패션, 세계 최대 규모의 교회까지 즐겨볼 수 있다.

여행 계획 짜기

밀라노는 이탈리아 북부의 산업도시로 도시 자체는 크지만 관광도시로 볼거리는 상대적으로 많은 편은 아니다. 그래서 1일 여행이 충분히 가능하다. 밀라노 여행은 두오모 광장에서 시작하게 된다. 이곳에서 스포르체스크 성, 성 다빈치 박물관, 스칼라 극장 등의 볼거리는 대부분 1㎞ 이내에 밀집해 있다.

두오모 광장에서 둘러보고 스칼라 극장과 스포르체스크 성을 둘러보면 최후의 만찬이 있는 산타 마리아 델레 그라치에 교회와 다빈치 박물관을 본다. 중앙역에서 두오모 광장까지는 거리가 짧지 않으니 메트로나 트램을 이용하면 편리하다.

About 밀라노

최첨단 패션의 도시

이탈리아의 경제 중심지인 밀라노는 유행을 선도하는 패션과 디자인의 도시이다. 로마가 고대의 유산을 그대로 간직한 관광도시라면 밀라노는 과거를 바탕으로 현대적인 새로움을 추구하는 산업도시라 할 수 있다.

문화의 도시

밀라노는 문화의 도시이기도 하다. 세계 최고의 오페라 무대인 스칼라 극장과 이탈리아 르네상스의 대표작 두오모, 레오나르도 다빈치의 불후의 명작인 '최후의 만찬'도 밀라노에서 볼 수 있다.

건축의 도시

도시 중심에는 '두오모Duomo'라고 알려진 밀라노 대성당이 있다. 밀라노 대성당은 세계에서 가장 큰 교회로, 밀라노 최고의 인기 관광명소이다. 두오모 광장 건너편에는 다 빈치가 그린 '최후의 만찬' 속 배경인 교회와 수도원, 산타 마리아 델 그라치에가 있다. 산 마우리치오 교회에는 유명한 프레스코화와 밀라노 고고학 박물관이 있다.

미술의 도시

종교적 배경 지식이 없어도 예술품을 감상하는 데에는 문제가 되지 않는다. 아름다운 빌라 레알레에는 일반 대중을 위한 밀라노 최고의 갤러리가 2곳 있다.

현대미술관에서 현존하는 최고 예술가의 작품을 감상하거나, 바로 옆에 자리 잡은 현대 미술 박물관에서 19~20세기의 명작을 감상할 수 있다. 여기에서 잠깐만 걸으면 라파엘과 카라바지오의 작품을 관람할 수 있는 브레라 미술관이 나온다.

미식의 도시

리소토와 파스타를 맛보거나, 어느 거리에나 있는 피자나 젤라토를 즐길 수 있다. 라 스칼라 극장에서 오페라를 감상한 뒤 나비글리 야간 엔터테인먼트 지구에서 신선한 공기를 마시며 현지인들과 어울리는 것도 좋다. 따스한 밀라노의 여름밤이나 겨울에 이탈리아 알프스로 여행을 떠나 스키와 스노보드를 즐기는 것은 현지인들이 항상 즐기는 방법이다.

공항

밀라노는 국제적인 교통의 요충지로 항공, 열차, 버스로 충분히 연결되고 있다. 대한민국에서는 대한항공이 직항을 운행하고 있고, 다른 유럽 항공사들도 경유로 이용이 쉽게 가능하다. 공항은 말펜사Malpensa와 리네이트Linate 두 곳이 있다.

말펜사 공항은 국제선이 취항하고, 리네이트는 국내선과 저가항공사가 운항한다. 말펜사 공항에서 밀라노 시내의 북역까지는 열차가 새벽 5시부터 밤 23시까지 운항하고 있어 시내로 이동하기에는 어렵지 않다.

공항에서 렌트를 하고 싶다면?

밀라노 공항은 작은 공항이 아니다. 국제적인 공항이라 렌터카들이 상당히 큰 공간에서 손님을 맞이할 준비를 한다. 공항에서 나와 왼쪽으로 이동하면 렌터카Rent Car라고 씌어 있으므로 이동하면 쉽게 찾을 수 있다.
밀라노를 처음으로 관광하고 이동할 예정이라면 밀라노 시내에서 차를 받는 것이 좋고 밀라노를 나중에 돌아와서 볼 예정이라면 밀라노 공항에서 차를 받아서 시내를 벗어나는 것이 운전하기가 수월하다.

시내 교통

밀라노의 대중 교통수단은 트램, 버스, 메트로가 있으며 승차권도 공용으로 사용할 수 있어 편리하다. 6시부터 밤24시까지 운행하는 지하철은 1~3까지 3개의 노선이 있는 데, 두오모 광장, 중앙역 등 주요 관광지를 연결해주고 있다.

시내를 중심으로 구역별로 나뉘어 교통요금은 복잡할 수 있다. 싱글 티켓은 1회만 탑승이 가능하고 버스나 트램은 해당 승차권의 유효시간에 따라 75분, 90분 동안은 제한 없이 사용이 가능하다.

두오모
Duomo

도시의 상징처럼 여겨지는 두오모를 보는 것으로 밀라노 여행을 시작된다. 시내 중심에 우뚝 솟아 있는 두오모의 웅장함과 화려함 때문에 여행자는 압도당한다. 고딕 건축의 걸작인 성당은 135개의 첨탑이 하늘을 찌르고 3,000개가 넘는 입상이 외관을 장식하고 있다.
두오모는 1386년 비스콘티 공작의 명에 따라 만들어지기 시작하여 19세기 초에 완성되었다. 바티칸의 산 피에트로 성당, 런던의 세인트 폴 성당, 퀼른의 대성당에 이어 세계에서 4번째로 큰 성당이다.

내부에는 15세기에 만들어진 화려한 스테인드글라스는 여행자들의 눈길을 잡아끈다. 보물관에는 4~12세기의 각종 보석들이 보관되어 있다. 엘리베이터나 계단을 통해서 두오모의 전망대에 오를 수 있는 데, 날씨가 맑다면 시가지부터 이탈리아 알프스까지 볼 수 있다. 반바지나 소매가 없는 옷을 입으면 입장할 수 없다. 두오모 앞의 광장에는 이탈리아를 통일한 비토리오 엠마누엘레 2세의 기념상이 있다.

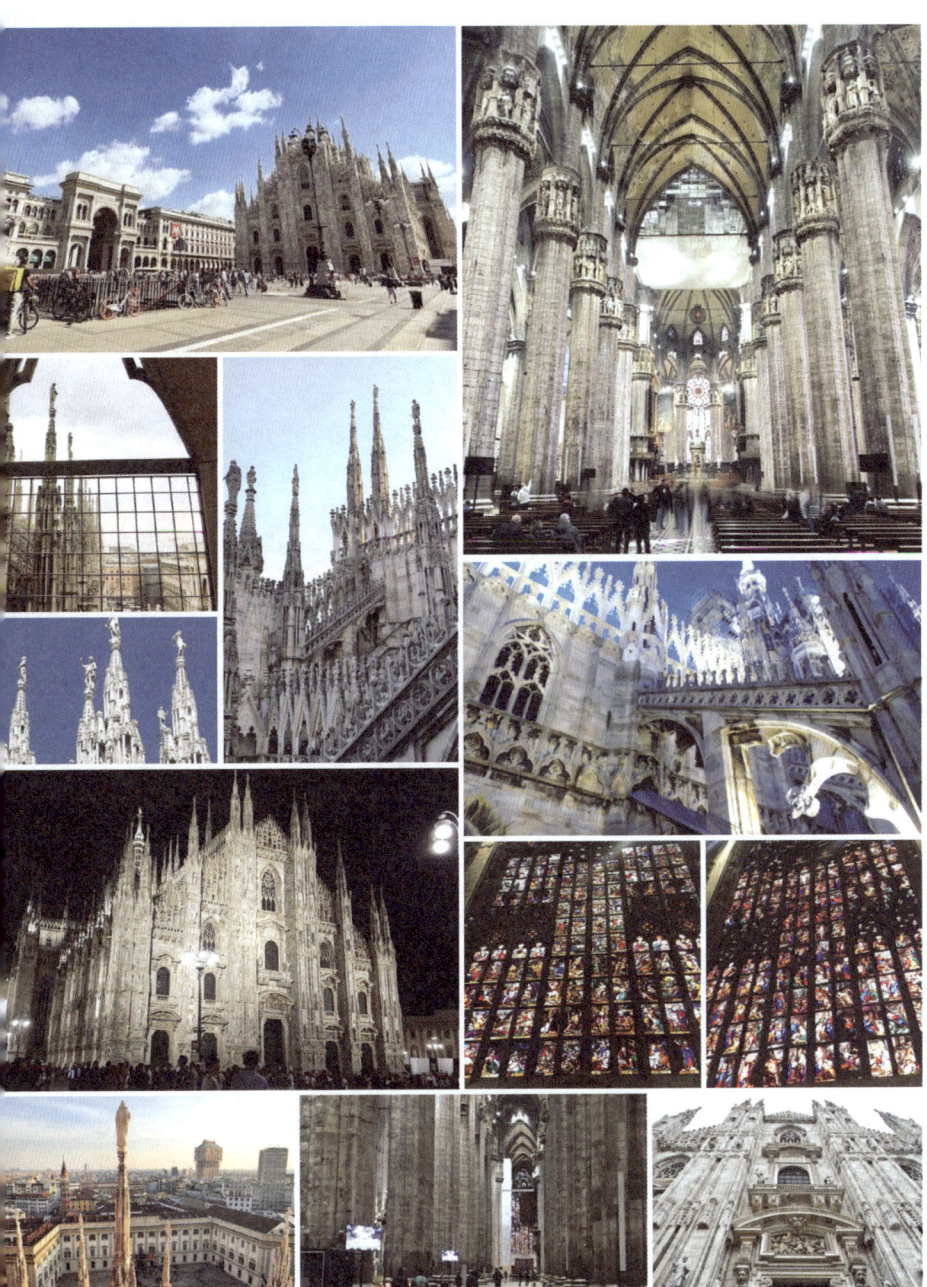

스칼라 극장
Teatro Scala

명성에 비하면 외관이 볼품없어 실망할 수도 있지만 성악가라면 누구나 한 번은 무대에 서 보고 싶어하는 세계적인 오페라 극장이다. 1776년에 당시 밀라노를 지배하던 오스트리아의 여제였던 마리아 테레지아의 명에 의해 세워진 것으로 제2차 세계대전에서 파괴되었다가 1946년에 복원되었다.

베르디의 '오베르토', 푸치니의 '나비부인'을 비롯해 많은 오페라가 초연된 역사적인 극장이다. 2,600명을 수용할 수 있는 내부는 붉은 카펫과 샹들리에로 화려하게 장식되어 있다.

산타 마리아 델레 그라치에 성당
Chiesa di Santa Maria delle Grazie

밀라노에서 가장 많은 관광객이 찾는 관광지이다. 두오모에 비하면 평범하고 수수하지만 레오나르도 다빈치의 명작인 '최후의 만찬Cenacolo Vinciano'가 있기 때문이다.
1498년에 그린 이 그림은 객관적 사실과 정신 내용을 훌륭하게 융합시켰다는 평을 듣고 있다. 내부의 습기 때문에 손상되어 1977년 복원 작업에 들어간 지 22년 만에 복원 작업을 마치고 다시 일반에게 공개되었다. 한번에 볼 수 있는 인원이 제한되어 있다.

브레라 미술관
Ponacoteca di Brera

원래 수도원과 성당으로 쓰이던 웅장한 건물로 17세기 중엽 리키니외 설계로 만들어졌다. 1809년 당시 밀라노를 지배했던 나폴레옹의 명에 따라 미술관이 되었다.
이 미술관은 바티칸 미술관과 우피치 미술관에 이어 이탈리아의 대표적인 미술관으로 르네상스에서 19세기에 이르는 다수의 회화를 소장하고 있다. 주요 작품으로는 만테냐 최고의 걸작인 죽은 그리스도, 틴토레토의 성 마르코의 기적, 르네상스의 3대 거장인 라파엘로의 '성모 마리아의 결혼, 베르니니의 피에타, 피에르 델라 프란체스카의 성모자 등이 있다.

카스텔로 스포르체스코
Castello Sforzesco

중세 밀라노의 유력 가문이었던 비스콘티 공작 집안의 요새 겸 성이었으나 15세기 밀라노의 영주였던 스포르자가 확장하여 현재의 모습을 갖추었다.
성의 설계에는 레오나르도 다빈치도 참여했으며 지금은 박물관으로 쓰이고 있다. 성의 입구로 들어서면 곳곳에 조각품이 전시되어 있다.
1층의 14~15전시실에는 미켈란젤로가 죽기 3일전까지 작업했으나 완성을 못한 '론다니니 피에타'가 있다. 8전시실에는 레오나르도 다빈치의 프레스코화가 전시되어 있다.

레오나르도 다빈치 국립 과학 기술 박물관
Museo Nationale della Scienza e della Tecnia Leonardo da Vinci

1953년 레오나르도 다빈치의 기념 전시회가 열린 것을 계기로 설립된 과학기술관, 기념관, 철도관, 교통관의 3부분으로 나뉘어 증기기관차, 비행기 등을 전시하고 있다. 해상교통, 자동차와 기차의 발전 등을 보여주는 전시물들이 많다. 입구의 대 전시홀에는 레오나르도 다빈치가 발명한 각종 물건이 전시되어 있다.

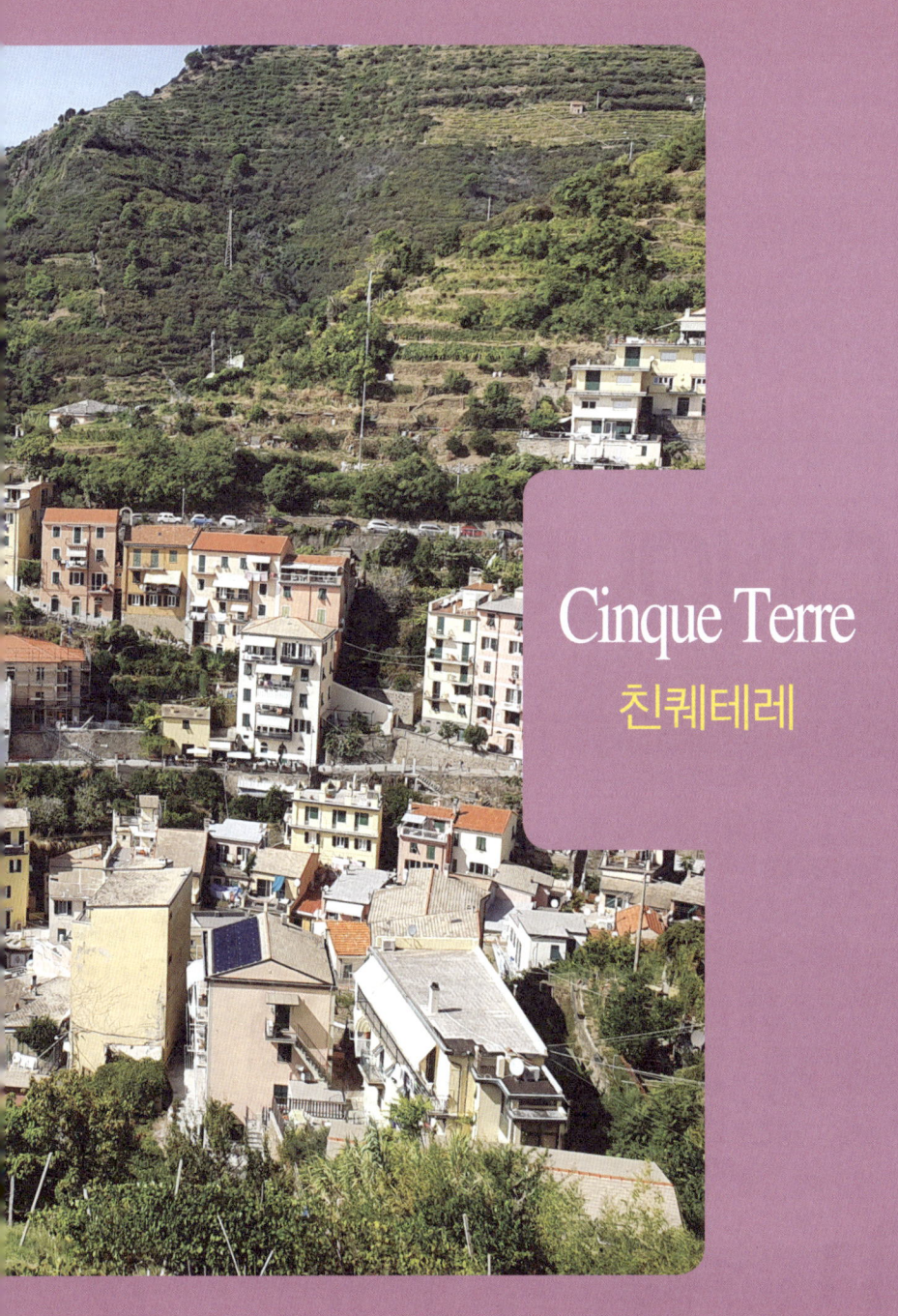

Cinque Terre
친퀘테레

친퀘테레
CINQUE TERRE

이탈리아 리비에라 지방, 리구리아 주에 자리하고 있는 매혹적인 5개 도시로 이루어진 지역이 친퀘테레Cinque Terre이다. 그림 같은 고기잡이 항구와 반짝이는 지중해의 바닷물에서 눈을 돌리면, 언덕 위에 자리 잡고 있는 파스텔 색의 중세 양식의 건물들을 계단식 포도원과 올리브나무 숲이 감싸고 있다. 아름다운 항구와 멋진 풍경이 펼쳐지는 산책로, 유서 깊은 건물들과 반짝이는 지중해는 친퀘테레Cinque Terre가 이탈리아 리비에라 지방의 보석인 이유이다.

친퀘테레Cinque Terre는 지역 전체가 국립공원이자 해양보호 구역일 뿐 아니라, 세계적으로도 '인류의 공동 유산'으로 지명되어 보존되고 있다. 그래서 마을들은 개발을 거치지 않고 로마 시대로부터 전해져 내려온 전통을 보존하고 있다.

가장 큰 마을인 몬테로소 알 마레Montersso al marre의 해변에서 일광욕을 즐겨 보자. 코르닐리아Corniglia 마을의 계단을 올라 미로와 같은 골목길을 거닐다 보면 14세기 교회당과 멋진 전망대가 나온다. 마나롤라Manaola 마을은 친퀘테레를 대표하는 풍경으로 유명한 사진 마을이다. 리오마오레Riomaggiore의 항구의 식당에서 유명한 친퀘테레 해산물 요리를 즐겨 보는 것도 추천한다.

하이킹

해안을 따라 각 마을을 연결하는 길들은 아름다운 풍경을 선사한다. 날을 잡고 몬테로소 알 마레Montersso al marre에서 리오마조레Riomaggiore까지 걸어가보자. 마나롤라Manarola와 리오마조레를 잇는 연인의 길Biadelamor는 포장이 잘 돼 있어 걷기에 좋을 뿐 아니라 휠체어가 이동하기에도 좋다.

철도

라스페치아와 레반토는 철도로 연결되어 있다. 친퀘테레 카드를 구입하면 기차의 탑승과 산책로를 무제한으로 즐길 수 있다.

4~10월까지는 코르닐리아Corniglia를 제외한 모든 마을 사이를 여객선이 오간다. 주차는 마을 밖에만 가능하며, 마을 안까지는 무료 셔틀 버스를 이용해야 한다.

구간	거리	열차 이동 시간	하이킹 시간	하이킹 난이도
리오마조레 ↔ 마나롤라	1km	3분	20분	하
마나롤라 ↔ 코르닐리아	2.8km	4분	1시간	중
코르닐리아 ↔ 베르나차	3.4km	4분	1시간 30분	중~상
베르나차 ↔ 몬테로소	3.8km	5분	2시간	상

> **친퀘테레 카드**
>
> 5개의 친퀘테레 마을을 둘러보는 것을 도와주는 카드이다. 카드의 구입은 라스펠리아 역을 포함한 5개 마을의 기차역에서 구입이 가능하다. 친퀘테레 카드와 트레킹과 기차로 이동하는 트레노 카드가 있다. 친퀘테레 카드를 구입하면 기차 시간표도 같이 받을 수 있다.
>
> 기본 카드는 산책로, 에코 버스, 와이파이를 사용할 수 있고 기차 카드는 라스페치아부터 친퀘테레 5개 마을을 거쳐 레반토 구간까지의 기차 2등석을 이용할 수 있다.

리오마조레
Riomaggiore

이탈리아 출신의 화가 텔레마코 시뇨리니가 영감을 받았다고 알려진 곳이다. 절벽 바위 위의 빨강, 노랑, 분홍의 파스텔톤 집들이 이국적인 느낌을 준다. 해안선을 따라 절벽길에는 사랑의 샛길이라고 부르는 델아모레가 있고 리오마조레와 마나롤라를 연결하고 있다.

몬테로소 알 마레
Montersso al Mare

친퀘테레에서 가장 북쪽에 위치한 마을이자 규모가 가장 큰 마을이다. 기차역도 있지만 자동차로 주차를 하고 걷거나 기차를 타고 다른 마을로 이동하는 거점 마을역할을 한다.

여름에는 해변을 즐기려는 사람들로 항상 북적이고 축제도 이곳의 광장에서 이루어진다. 친퀘테레를 대표하는 마을이지만 사진에는 다른 마나롤라 마을이 나와 이곳 주민들은 불만을 나타내기도 한다.

마나롤라
Manarola

절벽 위에 상자들을 촘촘하게 쌓아놓은 것 같은 동화같은 마을이다. 포도주 생산이 유명한데 '델아모레'를 따라 포도밭과 산길이 이어져있다. 14세기에 건설된 산 로렌초 성당을 볼 수 있다.

코르닐리아
Corniglia

코르닐리아Corniglia는 친퀘테레Cinque Terre 트레일 중간에 있는 마을로, 5개 마을 중 유일하게 해안에 바로 인접해 있지 않은 마을이다.
항구가 없어 코르닐리아는 바다보다는 내륙에 붙어 있는 것처럼 보인다. 반짝이는 푸른 바다가 내려다보이는 절벽 높은 곳에 붙어서 자리한 파스텔 색의 집들이 인상적이다.

기차로 코르닐리아Corniglia에 도착하면 마을의 중심까지 이어지는 377개의 지그재그 계단을 마주하게 된다. 라르다리나 계단Scalinata Lardarina은 트랜이탈리아Trenitalia 역부터 정상까지 이어진 계단으로, 리구리아 해Ligurian Sea의 맑고 아름다운 풍경을 볼 수 있다. 종종 멈춰서 옆 마을인 마라롤라Manarola까지 한눈에 펼쳐지는 멋진 풍경을 사진에 담는 관광객이 대부분이다.

베르나차
Vernazza

1080년에 출몰하는 해적의 침략을 막기 위해 해군의 거점으로 삼았던 마을이다. 이후에는 항구, 함대, 군인들이 머무르는 군사 마을로 인식되던 곳이다.
다른 마을들과 마찬가지로 포도주 생산이 유명하다. 항구는 작지만 파스텔톤의 집들이 조화롭게 오밀조밀 모여 있다.

해적의 침입을 막기위해 도리아성 Castello dei Doria이 서 있고 벨포르테 탑도 지금은 전망대이지만 적의 침입을 알려주는 역할을 수행했다.

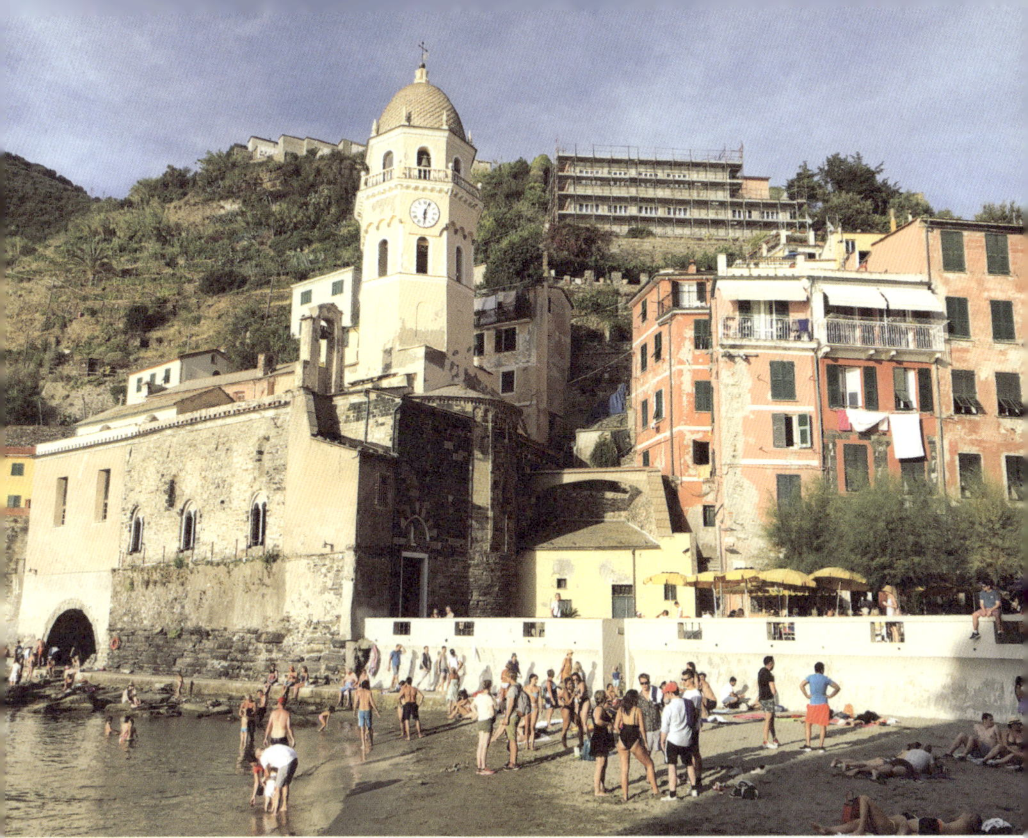

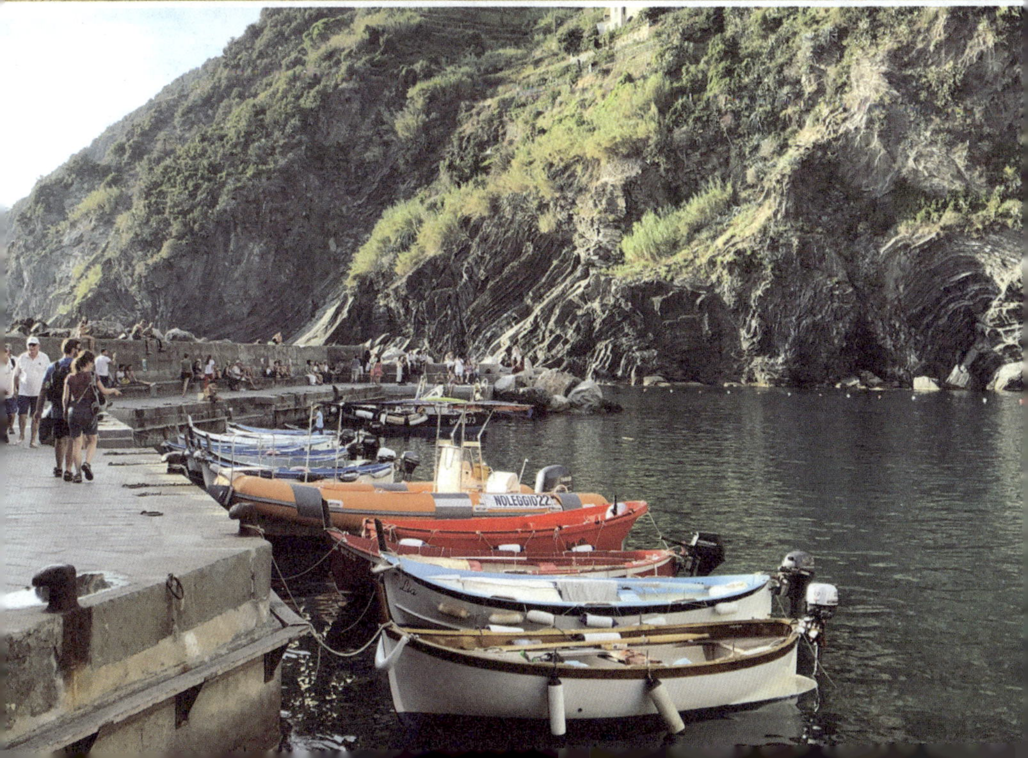
NOLEGGIO22

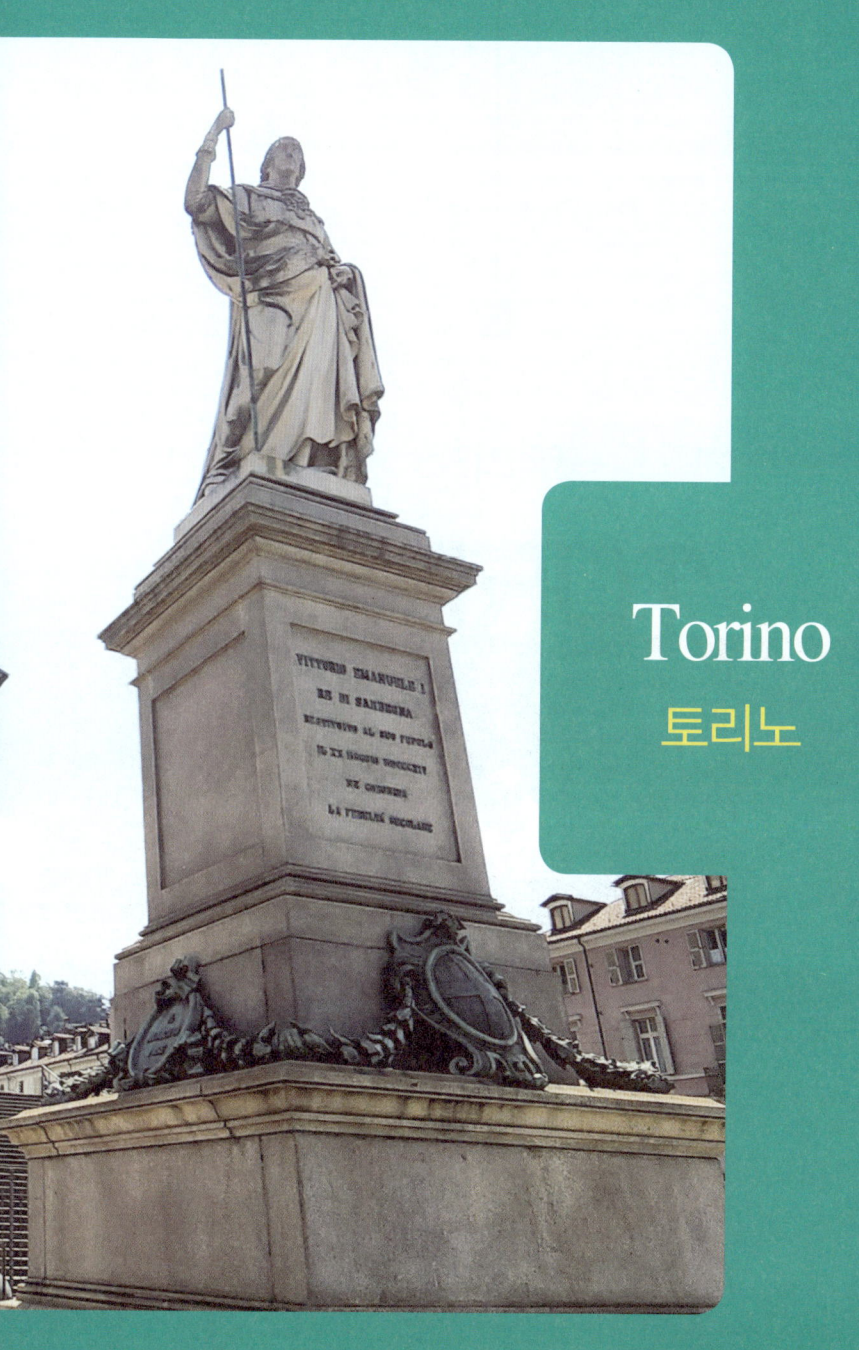

Torino

토리노

토리노
TORINO

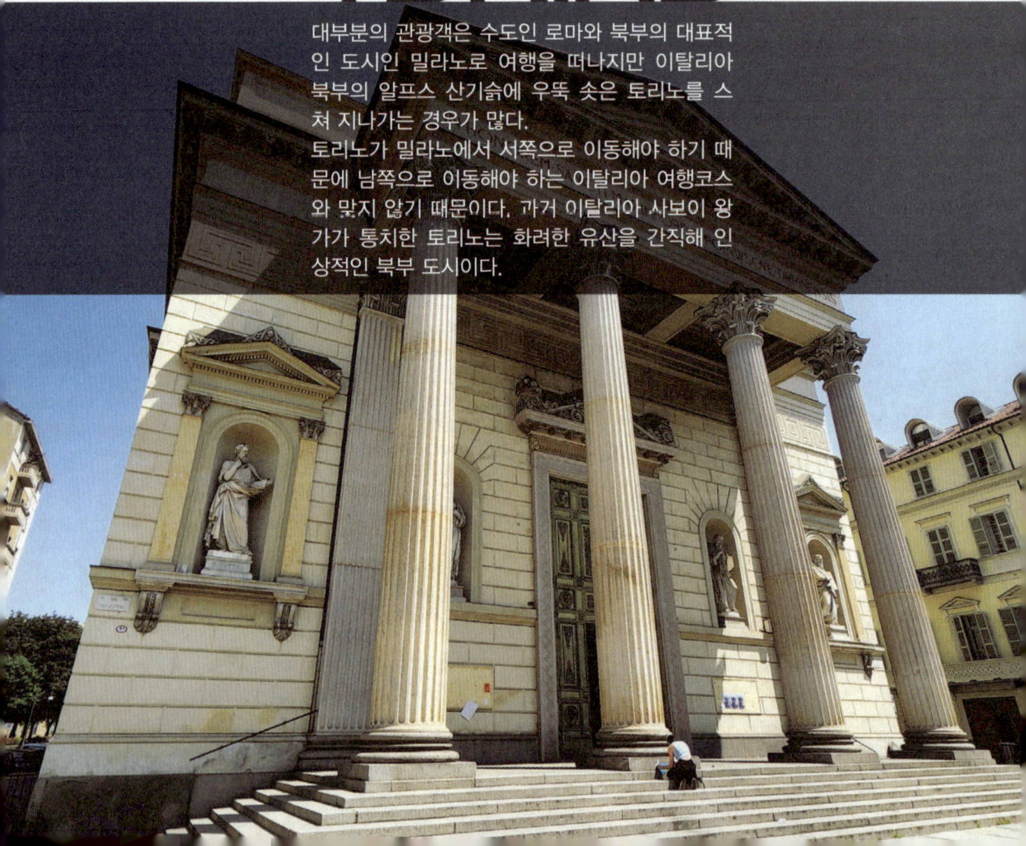

대부분의 관광객은 수도인 로마와 북부의 대표적인 도시인 밀라노로 여행을 떠나지만 이탈리아 북부의 알프스 산기슭에 우뚝 솟은 토리노를 스쳐 지나가는 경우가 많다.
토리노가 밀라노에서 서쪽으로 이동해야 하기 때문에 남쪽으로 이동해야 하는 이탈리아 여행코스와 맞지 않기 때문이다. 과거 이탈리아 사보이 왕가가 통치한 토리노는 화려한 유산을 간직해 인상적인 북부 도시이다.

사보이 왕가의 영향력

도시 곳곳에서 찾아볼 수 있다. 토리노 왕궁은 사보이 왕가의 생활 양식이 잘 보존된 장소로, 무기 전시실은 유럽에서도 꼽힐 만큼 훌륭하다. 역사와 왕실 문화, 건축 양식이 매력적인 토리노에서 세계 최고의 왕궁과 광장, 박물관을 들러 사보이 왕가에 대해 알아보자. 왕궁 반대편에서 토리노의 수의가 보관된 토리노 대성당을 만날 수 있다. 많은 사람이 고대 유물을 예수 그리스도의 마지막 수의라고 믿고 있다.

한눈에 토리노 파악하기

토리노에는 도시를 스쳐 흐르는 포^{Po} 강 주변으로 공원이 조성되어 있고, 강 서쪽 평지에 로마제국 시대부터 도시 계획을 하여 바둑판 모양으로 되어 있어서 구불구불한 길이 별로 없다. 건물들의 높이도 비슷하다. 그 중에서 한 개의 건물만 높이 솟은 특이한 건축이 바로 19세기 후반에 세운 토리노에서 가장 유명한 건물인 몰레 안토넬리아나이다.

몰레 안토넬리아나는 토리노 여행의 출발점이다. 정상에 올라 도시와 북서쪽으로 뻗은 알프스 산맥의 그림 같은 풍경을 감상할 수 있다. 남쪽으로 가면 다른 볼거리인 발렌티노 공원이 있다. 공원 끝자락에 발렌티노 성도 자리해 있다.

토리노를 중심으로 흩어져 있는 광장은 식사를 하거나 모닝커피를 즐기는 사람들이 한적하게 쉴 수 있는 곳이다. 산 카를로 광장에는 토리노에서 유명한 두 카페, 카페 산 카를로 Café San Carlo와 카페 토리노 Café Torino가 있다. 북서쪽으로 가면 토리노 흑마술의 중심지로 묘사되는 피아차 스타투토가 나타난다.

산 카를로 광장
Piazza San Carlo

산 카를로 광장은 고전적인 이탈리아 도시를 거닐며 구경하기에 최적의 장소이다. 산 카를로 광장은 토리노의 주요 도로인 비아 로마Via Roma를 따라 자리해 있다. 카페에 앉아 에스프레소의 풍부한 맛을 만끽하기에도 좋다. 17세기 중반 조성된 후 토리노 시민의 만남의 장소로 자리 잡은 광장은 토리노 중심지 바로 남쪽에 있다. 광장 한가운데에는 16세기 사보이 공작, 엠마누엘 필리베르토Emanuele Filiberto의 동상이 세워져 있다.

광장 남서쪽에는 산타 크리스타 성당과 산 카를로 성당이 광장의 입구를 지키고 있다. '쌍둥이 성당'라고 하는 두 성당은 각기 당대를 대표하는 건축 양식으로 지어져 외관이 서로 다르다.

카페 산카를로Café San Carlo나 카페 토리노Café Torino는 토리노를 이끌던 귀족, 정치가들이 자주 들른 커피숍이다. 달콤한 음식을 좋아하는 관광객은 150여 년의 전통을 자랑하는 콘페떼리아 스트라타Confetteria Stratta에 들러 보자. 광장에서 디저트가 가장 맛있는 곳이다. 광장 곳곳에는 유명한 부티크와 쇼핑 매장이 많다.

저녁이 되면 광장에 웅장한 조명이 켜지면서 굉장히 북적댈 때가 많다. 광장 바깥쪽 길가를 따라 늘어선 궁전과 건물에 아래에서 위를 향해 비추는 불빛이 들어오면 황홀한 야경이 펼쳐진다.

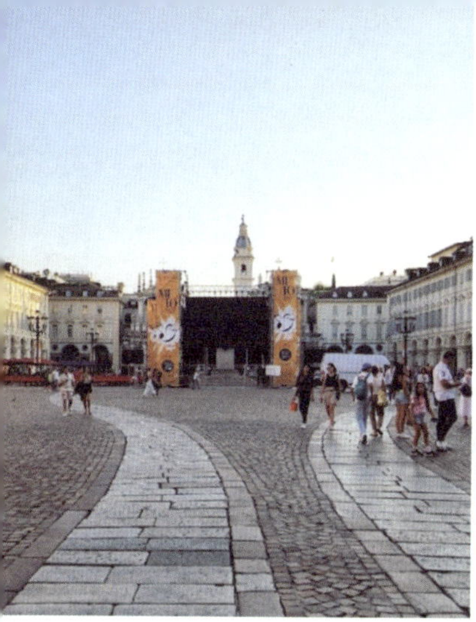

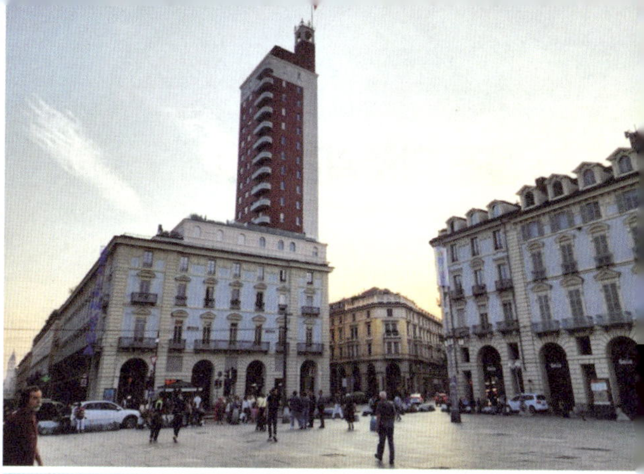

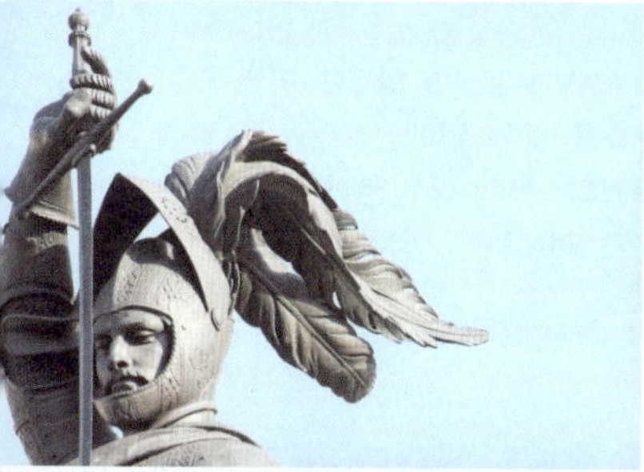

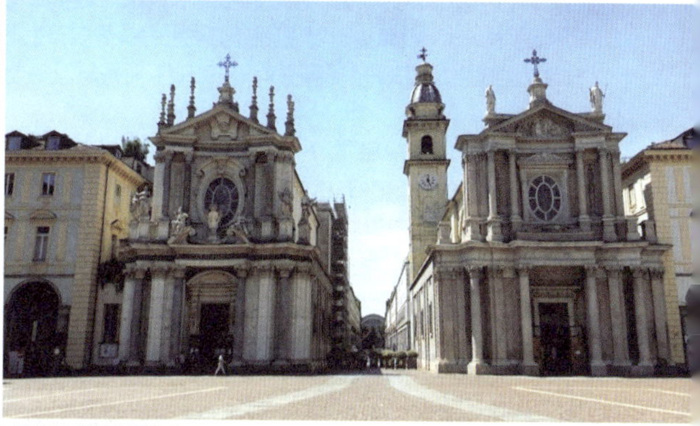

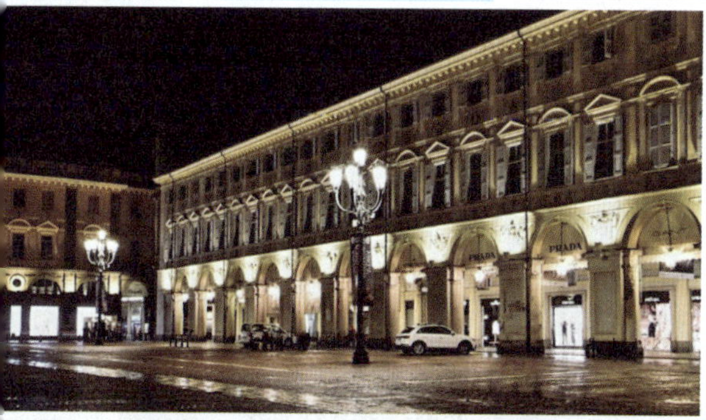

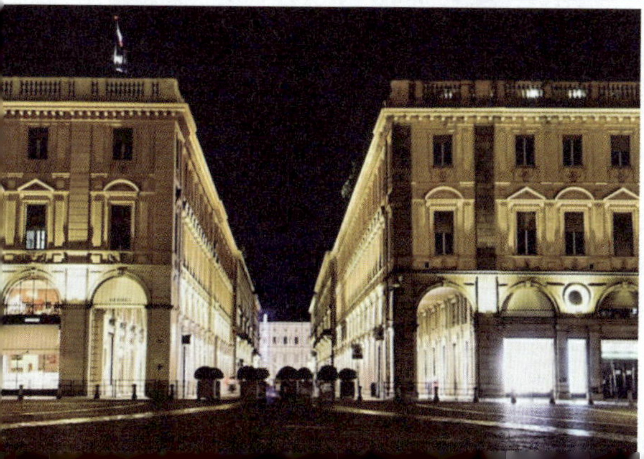

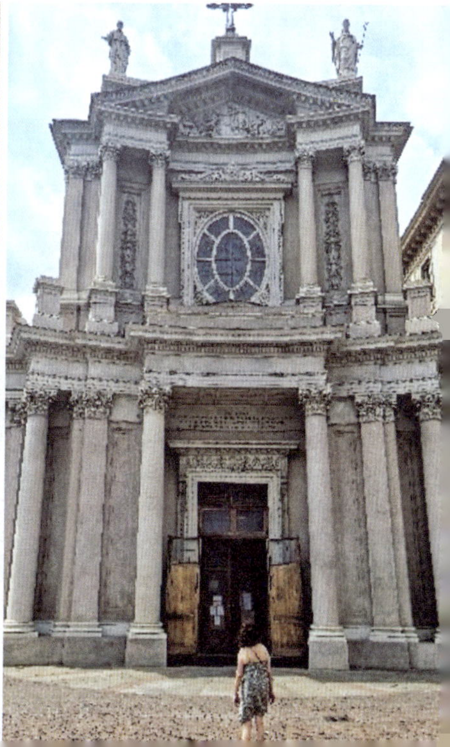

몰레 안토넬리아나
Mole Antonelliana

토리노에는 도시를 스쳐 흐르는 포Po 강 주변으로 공원이 조성되어 있고, 강 서쪽 평지에 로마제국 시대부터 도시 계획을 하여 바둑판 모양으로 되어 있어서 구불구불한 길이 별로 없다. 건물들의 높이도 비슷하다. 그 중에서 한 개의 건물만 높이 솟은 특이한 건축이 바로 19세기 후반에 세운 토리노에서 가장 유명한 건물인 몰레 안토넬리아나Mole Antonelliana이다. 이탈리아어로 몰레Mole는 '웅장한 건축'이라는 뜻이고, 안토넬리아나Antonelliana는 '안토넬리의'라는 뜻으로 안토넬리가 만든 웅장한 건축물이라는 뜻이다. 토리노를 상징하는 랜드마크로 2006년 토리노 동계올림픽의 로고로 사용되기도 했다.

원래 유대교 회당으로 지어진 몰레 안토넬리아나Mole Antonelliana는 토리노의 랜드마크 역할을 해 오고 있다. 몰레 안토넬리아나Mole Antonelliana는 건축을 맡은 알레산드로 안토넬리Alessandro Antonelli 사망한 지 1년이 지난 1889년에 완공되었다. 현재 국립영화박물관Italian National Cinema Museum으로 이용되는 건물의 아찔한 높이를 느껴보려는 방문객에게 도시의 전경을 선물하고 있다.

1861년 토리노는 통일 이탈리아 왕국의 수도가 된 후 우대인들은 신고전주의의 영향으로 하부는 고대의 신전 입구처럼 우람하고 상부는 이에 반해 위호 솟아 날렵하다. 예전 건축물인데도 십자가가 없고 성인들의 석상도 없어 기독교 건축물이 아니라는 것을 직설적으로 표현했다.

완공 당시 몰레 안토넬리아나Mole Antonelliana는 세계에서 가장 높은 벽돌 건물이었다. 폭풍우로 첨탑이 파괴된 후 재건하여 일반 대중이 출입할 수 있게 되었는데, 지금은 엘리베이터를 설치해 방문객이 꼭대기까지 올라갈 수 있다.

전망대 & 전망

안으로 들어선 후에, 유리 엘리베이터를 타고 지상 약 85m 높이의 전망대로 이동하자. 엘리베이터를 타려면 길게 줄을 서야 할 때가 많으므로 방문하기 좋은 시간을 확인하시기 바랍니다. 월요일에는 박물관과 엘리베이터가 모두 운영되지 않는다. 전망대에서는 거의 매일 북서쪽에서 솟아오른 알프스 산맥을 선명하게 볼 수 있는데, 시야의 절반가량을 차지한다.

다시 엘리베이터를 타고 국립영화박물관에 내려서 이탈리아 영화에 관한 흥미로운 자료를 둘러보자. 이탈리아 영화 산업의 초창기 시절부터 제작된 영화와 원판 필름, 영화 기술 등에 관한 소장품이 전시되어 있다. 박물관에는 이탈리아 대표 영화에 사용된 소품과 의상도 다수 진열되어 있고, 월트 디즈니 고전 영화의 장면을 그린 그림도 있다.

홈페이지_ www.moleantonellianatorino.it **주소_** Via Montebello 20, 10124 **시간_** 9~17시
요금_ 12€(박물관 / 학생 10€), 9€(전망대 / 학생 7€)

스타투토 광장
Piazza Statuto

토리노에 건설된 마지막 광장은 암흑의 역사를 간직한 곳이지만 지금은 사람들로 북적대는 중심지이다. 1864년 완공된 스타투토 광장Piazza Statuto는 마지막으로 건립되어 토리노의 구 중심지를 형성했다. 그때까지 공화국 광장, 비토리오 광장, 카를로 펠리체 광장 등 다른 광장 3곳이 완공된 상태였다. 스타투토 광장의 기념물과 정원 주변에는 바로크 양식의 상징적인 붉은 건물이 늘어서 있다.

광장 한가운데에는 유럽 알프스 산맥을 관통하는 최초의 열차 터널인 프레쥐스터널Frejus Tunnel 건설자의 동상이 있다. 알프스에서 채취한 바위로 만든 동상은 위대한 과업을 일구어 낸 불굴의 투지와 노력의 상징이다.

광장의 역사는 도로 아래에 로마인의 고분을 매장하여 고대 도시의 오랜 역사를 짐작해 볼 수 있다. 중세 이후로 올라가면 프랑스 식민지 시절의 어두운 과거가 스며들어 다소 복합적이다. 과거 사형을 집행한 프랑스의 단두대가 있던 자리에는 현재 고딕 양식의 기념물이 서 있다. 현지 주민 중에는 광장을 '흑마술'을 부리는 곳이라 생각하는 사람도 있고, '지옥의 문'과 연관 짓는 사람도 있다. 불명예스러운 평판이 있지만 광장은 기념물과 주변 건물의 건축학적 진가를 알아보는 관광객과 현지인들로 북적인다.

🏠 Piazza Statuto, 10122

토리노 왕궁
Palazzo Reale di Torino

토리노 왕궁은 토리노의 상징이자 이탈리아 사보이 왕가의 역할을 보여 주는 기념물이다. 고전적인 대저택은 19세기까지 무기와 갑옷이 가장 잘 전시된 곳이다. 웅장한 계단과 화려한 융단, 유서 깊은 무기가 보관된 병기고를 갖춰 관광객의 흥미를 끈다.

국제적으로 잘 알려진 문화 유적지는 16세기부터 토리노의 명소로 손꼽혀 왔는데, 수세기 동안 토리노를 통치한 사보이 왕가의 본거지이기도 하다. 왕궁에 들어가기 전, 궁전 대문에 장식된 메두사 금 조각상도 유명하다.

왕궁에는 건물을 둘러싼 정원과 광장이 내려다보이는 방이 많다. 중요한 장소는 16~17세기 무기와 갑옷이 전시된 방이다. 온전한 갑옷이 전시실에 나란히 놓여 있고 당시 최첨단 무기도 진열되어 있다.

높은 천장의 프레스코화와 대리석 장식은 왕궁의 웅장함을 배가시켜 준다. 따뜻하고 화창한 날에는 파란 하늘과 대조를 이루는 하얀 건물의 아름다운 광경을 볼 수 있다. 왕궁의 야외 조명이 켜지면 마치 동화 속 한 장면을 보는 듯 환상적이다.

🌐 www.ilpalazzorealeditorino.it 🏠 Piazzzetta Reale 1 Paizza Castello, 10122
€ 10€ ⏰ 8시 30분~18시

발렌티노 성
Castello del Valentino

발렌티노 성Castello del Valentino은 마시모 디 아체글리오 거리Corso Massimo D'Azeglio를 따라 토리노에서 두 번째로 큰 발렌티노 공원 안에 있다. 성은 사보이 시대 이후 수의 학교, 막사, 엔지니어 양성 국립학교를 거쳐 현재는 폴리텍 대학Polytechnic University의 건축학 건물로 사용되는 등 다양한 기능을 하고 있다.

말굽모양 성의 역사는 16세기로 거슬러 올라간다. 원래 강변에 자리한 주택이었던 성의 이름은 로마 신부, 성 발렌타인의 이름에서 따왔다. 성 발렌타인은 클라우디우스 2세 재임 당시 금지된 비밀 결혼을 한 인물이다.

성 주변을 걷다 보면 성의 정면은 프랑스 양식이 아닐까 하는 생각이 든다. 빅토르 아마데우스 1세Victor Amadeus I 사보이 공작과 결혼한 프랑스 크리스틴 마리Christine Marie 공주의 영향이다.

크리스틴 마리는 부자(父子) 설계사인 카를로 디 카스텔라몬테Carlo di Castellamonte와 아메데오 디 카스텔라몬테Amedeo di Castellamonte에게 공사를 의뢰했다. 포 강과 맞닿아 있는 성의 뒷면은 이탈리아 양식을 견지하고 있어 18세기의 두 강대국이 성 안에서 대립하고 있다.

발렌티노 공원
Parco del Valentino

포 강을 따라 이어지는 짧지만 아름다운 산책로를 거닐어 볼 수 있다. 발렌티노 공원에서 '중세 마을'로 걸어가다 보면 15세기 마을을 모방한 많은 건물과 카페가 기다리고 있다. 사보이 사후 수십 년이 지난 뒤 기하학적 디자인의 식물원을 신축해 1730년 발렌티노 성의 원래 정원에 통합하였다. 현재 토리노 대학교가 운영하는 정원은 수백 년이 흐른 지금까지도 번성하고 있다.

토리노의 통행금지구역(ZTL)을 구별하기 어렵다면 발렌티노 성까지 대중교통을 이용하는 것이 좋다. 발렌티노 공원은 과거 사보이 왕가의 사냥터였다. 1630년, 토리노 최초의 시민 공원으로 개장한 후 1864년 프랑스 조경사가 일부를 다시 디자인했다. 발렌티노 공원은 토리노에서 2번째로 큰 공원으로, 면적이 약 55ha에 이른다.

공원 곳곳에는 다양한 분수대가 설치되어 있다. '12개월 분수 Twelve Months Fountain'가 가장 아

름다운데, 특히 겨울에 얼음이 얼면 더 아름답다. 1961년에 만든 후 확장한 바위 정원에는 크기 약 4.5ha의 암석 외에도 다양한 꽃, 냇물, 분수대가 있다.

포 강을 따라 걸어가면 15세기 피에몬테 마을을 고스란히 재현한 놀라운 '중세 마을'에 다다른다. 토리노 국제 박람회를 맞이하여 1884년에 디자인된 마을에는 도개교와 골목, 포르티코 가옥이 들어서 있다. 옆으로 흐르는 강 제방 아래 비치는 마을의 그림자를 감상하면 공학적 상상력에 경이로움이 느껴질 것이다.

🌐 www.comune.torino.it 🏠 Corso Massimo D'Azeglio, 10126

토리노 대성당
Duomo di Torino e Cappella della Sacra Sindone

토리노 대성당은 성 세례 요한을 추모하며 1498년 왕궁 옆에 건설되었다. 7년에 걸쳐 완공된 성당은 오래된 바실리카 3곳의 터에 세워졌다. 그중 가장 큰 건축물이 성 요한에게, 나머지가 구세주 예수와 성모 마리아에게 헌정되었다. 현재 많은 가톨릭 신자가 예수의 수의라고 믿는 '토리노의 수의'가 보관되어 있다.

르네상스 양식과 바로크 양식이 두루 어우러진 대성당은 종탑과 성의 예배당 Chapel of the Holy Shroud, 교회로 구성되어 있다. 건축물은 각기 다른 시기에 건설되었다. 1469년에 세워진 종탑이 가장 오래됐고, 약 28년의 공사 끝에 1694년에 예배당이 새로 완공되었다. 입구 문 위의 벽에는 레오나르도 다빈치의 걸작, '최후의 만찬' 모작 유화 그림이 걸려 있다.

🌐 www.duomoditorino.it 📍 Piazza San Giovanni, 10122

이집트 박물관
Museo Egizio

17세기 궁전에 자리한 박물관에서 약 6,000년이나 된 이집트 역사를 살펴볼 수 있다. 이집트 유물을 처음 구매한 1630년부터 전시품을 수집했다. 이후 그 수가 점점 늘어나고 1900년대 초반 수차례 탐사 활동을 진행하면서 박물관이 면모를 갖추게 되었다. 유물 6,500여 점과 소장품 25,000여 점을 보유한 이집트 박물관은 이집트가 아닌 곳에서 이집트 유물을 감상할 수 있는 유일한 장소이다.

박물관에 들어서면 대형 스핑크스와 파라오의 석관이 바로 눈앞에 펼쳐진다. 박물관을 둘러보기 가장 좋은 권장 관람 경로를 따라 위층으로 올라가면 파라오가 이집트를 통치하던 시대부터 관람할 수 있다.

첫 번째 전시실은 박물관에서 발굴한 고대 이집트의 수많은 외딴 마을이 소개되어 있다. 바로 옆 장례 문화 전시실로 건너가면, 이집트인들이 시신을 보관하기 위해 이용하던 복잡한 방법을 알 수 있다.

아래층으로 내려가면 박물관에서 심혈을 기울여 재현한 누비아의 엘리샤Ellesiya 신전이 있다. 마지막 전시실에 가면 박물관에서 가장 유명한 카Kha의 무덤에서 발굴한 유물을 관람할 수 있다. 이 전시물은 한 사람의 무덤에서 나온 500여 점의 유물로, 수많은 석관과 집기, 음식, 공예품으로 구성되어 있다. 죽음을 소재로 한 전시실은 장례 문화와 관련된 전시회가 진행되는 전시실은 지나쳐도 좋다. 많은 미라가 약간 공포스럽게 느껴지는 사람도 있을 수 있을 것이다.

🌐 www.museoegizio.it 🏠 Via Accademia delle Science, 6 Aperto Anche il Lunedi Mattino, 10123
🕐 9~18시 30분   €13€

아름다운 초대
이탈리아 왕국의 수도.
토리노

Genova

제노바

제노바

GENOVA

제노바는 북이탈리아로 아치형의 무지개 같은 형태의 리구리아 주에 속해있다. 앞으로는 바다에 뒤로는 산들로 둘러싸인 인구 약 60만 명의 이탈리아 최대의 항구도시이다. 역사상의 화려한 영광 때문에 중세에서 지금에 이르기까지 제노바는 '자부심이 강한 도시La Superba'라는 이름으로 불리고 있다. 산과 언덕이 끝없이 펼쳐진 제노바에서는 등산가가 아니라도 아름다운 풍경을 즐길 수 있다.

온화한 지중해성 기후 & 은퇴 생활지

제노바가 속하는 리구리아 주는 북쪽에 위치하면서도 지중해성 기후의 영향으로 여름은 그다지 덥지 않고 겨울은 너무 춥지 않은 온화한 특성을 가지고 있다. 여름의 피서나 겨울을 지내기 위한 바캉스 리조트지로서 알려져 있으며, 유럽의 각지에서 은퇴 후의 생활을 살기 위해서 제노바로 거주지를 옮기는 사람들도 적지 않다고 한다.

정통 이탈리아 라이프스타일

이탈리아 북서쪽 해안의 리비에라에 속하는 제노바에는 정통 이탈리아의 라이프스타일을 엿볼 수 있다. 오래된 건물과 세계문화유산 지정 구역을 거닐면 과거 무역의 중심지였고, 크리스토퍼 콜럼버스의 고향이기도 한 제노바의 역사를 알고 싶어진다. 오래된 항구 도시는 웅장하지만 중세풍의 좁은 거리를 둘러보면 가족이 경영하는 정겨운 레스토랑에서 신선한 해산물 요리와 현지 페스토Pesto 요리를 맛볼 수 있다.

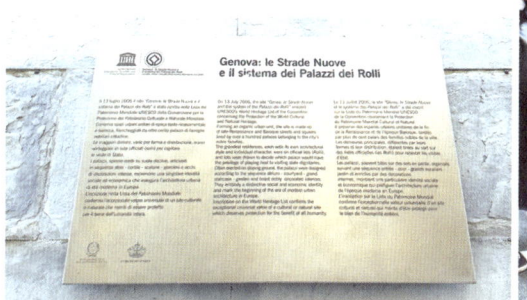

도시의 역사

고고학적인 유적이나 자료로 판단하면 기원전 6세기 무렵부터 인류가 거주하고 있었다고 여겨진다. 중세에는 현재의 리구리아주의 지역에 '제이 노바 공화국'으로서 자치제를 가졌었고, 해양 공화국으로서 발전해 온 아말피, 피사, 베네치아와 대항하면서 세력을 떨쳤다. 이 4개 도시의 기치는 현재에도 이탈리안 트리코롤 기의 중심으로 4개의 도시의 심볼이 그려져 있는 이탈리아 해군과 상선 깃발의 모티브로 사용되고 있다. 1956년부터 매년 1회, 4개 도시 중 한 도시에서 보트 레이스를 개최하고 있다.

4개의 해양 공화국의 심벌이 있는 깃발

왼쪽 위부터 시계방향으로 베네치아, 제노바, 피사, 아말피. 제노바의 심벌은 하얀 바탕의 붉은 십자이다.

강한 자부심

제노바 사람이라고 하면 외견으로는 성격 좋아 보이는 편안하게 대할 수 있는 이미지가 있지만 역사적으로 독립적인 자치제를 가지고 있었던 적이 많아서인지 '제노바는 독특하다' 라는 강한 자부심을 가지고 있다.

크리스토퍼 콜럼버스

아메리카 대륙 발견의 항해가 크리스토퍼 콜럼버스Cristoforo Colombos는 제노바 출신이다.

제노바의 중심지에는 콜럼버스가 소년 시대를 보냈다고 하는 중세의 집이 남겨져 있고, 제노바에서 가장 낡고 기차가 발착하는 1860년에 만들어진 제노바 피아짜 프린치페 Genova Piazza Principe역 앞에는 콜럼버스상이 사람을 맞이하고 있다. 게다가 제노바 공항은 '크리스토퍼 콜럼버스 공항Aeroporto Cristoforo Colombo' 라는 이름이 붙여져 있다.

265

한눈에 제노바 파악하기

리구리아 주는 평지를 찾아볼 수 없을 정도의 산악 지대이다. 제노바를 여행하는 가장 좋은 방식은 위에서부터 시작해 중세풍의 구도심을 돌아보는 것이다. 고지대에는 주요 쇼핑 지구와 광장이 자리 잡고 있고, 좁다란 보행자 전용 골목길은 '카루기'라고 불린다. 제노바의 중앙 거리인 비아 가리발디에는 하얀 궁전 Pallaco Bianco, 투르시 궁전에 각각 박물관이 자리하고 있다.

시내는 알바로 Albaro, 카스텔레또 Castelletto, 카리냐노 Carignano, 네르비 Nervi, 퀸토 Quinto 등으로 구분된다. 제노바라고 하는 도시의 특성상 다른 유명한 관광지에서는 미관을 보존하여 방문

하는 사람들을 매료하지만 건물 중에서도 한 모퉁이를 돌아야만 보이는 숨겨진 곳이나 건물의 내부에 한걸음 발을 디디면 눈이 휘둥그레지는 아름답게 장식된 달라진 장소를 볼 수 있다.

케이블카가 2곳에서 운행 중인데, 도시와 항구의 전경을 감상하며 산에 오를 수 있다. 포르텔로 광장에서 공용 엘리베이터를 타면 카스텔레토 지구까지 이동할 수 있다.

올드 하버
Porto Antico

오랜 세월 항구 도시 제노바의 중심지인 올드 하버Porto Antico는 대규모 리노베이션을 거쳐 카페, 영화관, 박물관, 수족관을 찾아볼 수 있다. 갈라타 마리팀 박물관에는 크리스토퍼 콜럼버스를 비롯해 제노바의 탐험가들을 만날 수 있다.
유럽 최대 규모를 자랑하는 제노바 수족관은 제노바의 새로운 관광 명소가 되고 있다. 항구에는 고기잡이배와 페리, 포르토피노에서 출발해 방금 크루즈를 마치고 정박한 럭셔리 요트들을 볼 수 있다.

올드 타운
Old Town

제노바의 거리 풍경이라고 하면 옛 숨결을 느낄 수 있는 퇴색된 낡은 건물들과 아름답게 외벽이 물들여진 귀족들의 저택이 줄지어선 구시가의 분위기가 클로즈업 된다. 제노바의 구시가는 유럽 안에서도 낡은 주거가 있는 중심가로서는 가장 넓은 곳 중의 하나이며, 스트라데 누오베Strade nuove와 팔라치 데이 롤리Palazzi dei Rolli는 2006년에 유네스코 세계 문화유산으로 등록되었다.

가리발디 거리
Via Giuseppe Garibaldi

제노바의 올드 타운에서 가장 유명한 거리로, 이 거리를 따라 제노바의 부유한 가문들이 소유했던 16세기 궁전들이 줄지어 있다. 제노바가 부유하고 오래된 건축물을 확인하고 싶다면 찾아가야 한다.
작은 상점과 카페들이 가득한 작은 골목길이 인상적이다. 현재 박물관 레스토랑, 상업 시설로 개조되었다.

주세페 마리아 가리발디
(Giuseppe Maria Garibaldi / 1807~1882)

이탈리아의 장군이자 애국자로 통일 이탈리아의 영웅이다. 공화주의자로 이탈리아의 통일과 이탈리아 왕국의 성립에 공헌하였다. 주세페 마치니, 카밀로 카보우르와 더불어 이탈리아 통일 3인으로 꼽힌다.

흔히 이탈리아 통일의 주역으로 알고 있는 경우가 많으나 실제 이탈리아 통일의 계획과 실행은 카밀로 카보우르가 주도했고, 가리발디의 업적은 통일의 최대 난적 중 하나였던 양시칠리아 왕국을 멸망시키고 조건 없이 비토리오 에마누엘레 2세에게 양도한 것이다.
카보우르가 주류 엘리트 중도우파 정치인에 왕당파였다면, 마치니와 가리발디는 공화주의자였다.

페라리 광장
Piazza Raffaeie De Ferrari

제노바 출신 정치인 '라파엘레 데 페라리Raffaeie De Ferrari'의 이름을 딴 광장으로, 제노바 구도심에서 가장 큰 광장이다. 이 곳에 제노바 공화국의 도제가 사용했던 두칼레 궁전과 신 증권거래소, 카를로 펠리체 극장이 위치해있다.
아름다운 분수, 깨끗한 광장, 광장을 둘러싼 웅장한 건물들은 관광객의 시선을 끈다. 광장 옆에는 오페라 극장이 있어서 오페라가 끝나고 나오면 멋진 조명과 함께 경치를 즐기며 저녁 식사를 하는 것도 좋다.

🏠 Piazza De Ferrari

단테 광장
Piazza Dante

단테 광장에는 높은 문인 포르타 소프라나Porta Soprana이 있고 앞으로 12세기 산탄드레아 수도원 유적지가 남아있다. 콜럼버스의 집이라고 이름 붙은 관광지도 위치해있는데, 크리스토퍼 콜럼버스가 제노바에서 살았던 여러 집들 중 하나이다. 현재는 박물관으로 쓰이고 있다.

산 로렌초 대성당
Cattedrale di San Lorenzo

제노바의 중심 대성당이다. 장인 정신과 예술성으로 이루어진 성당은 외부 타일은 다양한 색상과 패턴으로 사람들의 시선을 이끌고 내부는 웅장하여 압도당하는 느낌이다. 성당 파사드에서 피렌체 두오모 대성당의 건축양식을 엿볼 수 있다.

🌐 www.chiesadigenova.it 🏠 Piazza san lorenzo Piazza San Lorenzo, 16123 ⏱ 9~18시

9월 20일 거리
Via XX Settembre

구도심의 페라리 광장과 신도심의 승리의 광장을 이어주는 도로로, 제노바의 주요 쇼핑 거리이다. 멋진 건축 디자인과 함께 옛것과 새것이 잘 어우러져 있다. 오리엔탈레 시장이 이 거리에 접해있다.

승리의 광장
Piazza della Vittoria

제노바 구도심 동쪽에 위치한 신도심의 중심 광장으로, 한 가운데에 제1차 세계 대전의 전사자를 기리는 개선문이 위치해있다. 광장의 남쪽 언덕에는 크리스토퍼 콜럼버스가 항해에 썼었다는 배 3척이 잔디에 묘사되어있다. 제노바 생활의 중심 광장으로 젊은이들의 약속장소로 주말마다 사람들로 북적인다.

🏠 Piazza della Costituzione 1, 97019

포르토피노 (Portofino)

포르토피노Portofino는 이탈리아 리구리아 주 제노바현의 도시이다. 아름다운 항구에 비치와 맛있는 해산물 요리까지 있어 예부터 귀족이나 부자들이 휴양하는 곳으로 알려져 있다. 최고의 휴양지로 알려진 포르토피노Portofino의 고전적인 분위기와 현대적인 분위기가 어우러진 어촌 마을은 여름에는 관광객들로 북적인다.

이곳은 제노바 사람들의 하루 여행지이기도 하고 VIP들에게 인기가 많지만 가파른 고개의 해안선 끝자락이라 사람들은 잘 모르기도 한다. 항구 주변의 산책로를 따라 걸어 선창가에서 밝은 색 건물들을 볼 수 있고 바다를 바라보는 테라스 바에서 와인과 해산물 요리를 먹으며 마을을 바라볼 수 있는 언덕 위까지 산책해 보자.

포르토피노는 작은 어촌으로 남아 있지만 19세기에 세간의 이목을 끄는 휴양지가 된 이래 명성을 이어오고 있다. 1950~60년대에 상류층이 머물고 가면서 점차 현대적인 리조트 타운으로 본격적으로 변화하였다. 작은 테라스 레스토랑은 리구리아 지방의 해산물 요리에 감탄하러 온 여행자들에게 만족을 준다.

해안의 작은 광장은 '피아제타Piazzetta'로 불리는 해안의 작은 광장은 만에 정박한 채 출렁거리는 선박들이 즐비하다. 마을에서 벗어나고 싶다면 마을의 파스텔 건물 뒤편에서부터 시작되는 포르토피노 자연 공원Portofino Regional Nature Park의 초목들 사이를 따라 올라가면 된다. 걸어서 언덕을 올라가면 옛 분위기의 작은 등대인 일 파로Il Faro가 있다.

오래된 성당 분위기를 내는 산 마르티노San Martino와 산 조르지오San Giorgio 성당은 포르토피노의 대표적인 성당이다. 언덕 위에서 작은 마을의 경관을 조망할 수 있는 브라운 성Castello Brown까지 작지만 도시에 있을 것은 다 있다.

산 푸루투오조 만San Fruttuoso Bay은 외딴 지역이라서 다이빙이나 잔잔한 파도에서 수영을 즐길 수도 있다. 예수 동상인 심연의 그리스도Christ of the Abyss를 보기 위해 장비를 빌려 다이빙을 하는 관광객들도 있다. 스포츠카를 몰고 산 마르게리타San Margherita에서 포르토피노까지 가거나 슈퍼스타처럼 요트를 탈 수도 있다.

산 지오르지오 성당
Chiesa di San Giorgio

로마네스크 양식의 12세기 오렌지 빛의 성당은 포르토피노의 수호성인인 산 지오르지오를 기리기 위해 지어졌다.
14명의 성인 중 한명인 산 지오르지오는 포르토피노에서 태어나 초기 기독교를 정착시키 위해 노력한 성인이다. 성당의 왼쪽에서 포르토피노의 풍경을 볼 수 있고 오른쪽에서는 지중해를 볼 수 있어 전망이 가장 아름다운 장소에 있다.

🏠 Salita S. Giorgio, 16034

브라운 성
Castello Brown

포르토피노 입구쪽에 위치한 성은 16세기 외적의 침입에 대비해 요새화하였다. 하지만 무기가 발전하면서 요새화된 성은 역할을 못해 방치되었다. 1867년 영국의 몬타규 예이츠 브라운이 매입해 주거로 개조되면서 역할이 바뀌었다. 현재는 박물관이자 전망대로 사용되고 있다.

🌐 www.castellobrown.com 📍 Via alla Penisola 13 🕐 10~17시 📞 8€

Verona
베로나

베로나
VERONA

베로나의 생기 넘치는 문화와 그림처럼 아름다운 거리를 구경하다보면 낭만적인 도시와 사랑에 빠지게 될 것이다. 거대한 원형 극장에서 오페라를 감상하고, 시장 광장에서 맛있는 이탈리아 음식도 맛보면서 셰익스피어가 로미오와 줄리엣의 배경으로 베로나를 선택한 이유를 생각해 볼 수 있다.

베로나는 풍부한 문화와 아름다운 건축물, 맛있는 현지 음식으로 유명한 이탈리아의 떠오르는 관광 도시이다. 셰익스피어가 로미오와 줄리엣의 배경으로 삼은 곳으로 유명하여 시내 거리만 걸어도 낭만이 느껴지는 것 같다. 베로나에 들어서면 바로 브라 광장이 나온다. 베로나로 들어가는 관문인 광장에는 레스토랑, 바Bar와 관광지가 주위에 늘어서 있다. 광장, 동쪽에는 이탈리아에서 가장 큰 원형 극장인 아레나 디 베로나가 있다. 환상적인 오페라 공연을 보면서 옛 시절에 만든 탁월한 음향 시설에 감탄하게 된다.

베로나 거리는 자갈이 깔린 거리이기 때문에 걸어서 여행하기에 좋은 도시이다. 이탈리아의 오래된 중세도시와 달리 언덕이 별로 없고 평평한 오솔길이 많아서 누구나 편하게 도시를 둘러볼 수 있다. 카스텔베키오 박물관은 유서 깊은 성에 다양한 예술 작품이 소장되어 있고, 베로나 성당에서는 아름다운 건축 양식에 감탄하지만 베로나의 주교가 진행하는 아침 미사에도 참석하면 머리가 경건해지는 현상에 감탄하게 된다.

매일 재래시장이 열리는 중앙 광장, 에르베 광장에서 활기찬 분위기를 아침에 느껴보자. 시장에서 신선한 현지 농산물을 골라, 돌아와 직접 음식을 만들어 맛있는 식사를 한끼 해결해도 좋다. 베로나는 쌀로 만드는 북부 이탈리아 요리로 유명하다. 현지 '버섯과 트러플'을 이용한 리조토가 관광객의 사랑을 받고 있다.

줄리엣 하우스에 가면 셰익스피어가 로미오와 줄리엣의 배경으로 사용한 곳을 볼 수 있다. 줄리엣의 발코니에서 로미오와 줄리엣의 한 장면을 재연하면서 사진으로 남기는 관광객은 좋은 추억이 만들고 있다.

브라광장
Bra Square

베로나에서 관광객이 가장 많이 찾는 브라 광장에는 고급 레스토랑과 바는 물론 클래식한 건축물들도 많이 보인다. 브라 광장은 베로나에서 가장 큰 광장으로 베로나 사람들의 일상생활을 구경하기에 좋은 장소이다. 도시의 문 안에 위치한 광장은 베로나에 도착한 사람들을 가장 먼저 반겨주는 곳이다. 브라 광장에는 레스토랑과 바가 밀집되어 있어 항상 사람들로 북적인다.

광장은 상당히 커서 이탈리아에서 제일 큰 광장이라고 말할 정도이다. 베로나를 처음 방문하시는 관광객은 관광의 시작점으로 브라광장만큼 좋은 곳은 없다. 광장에는 거대한 아레나 디 베로나가 우뚝 서 있다. 한때 로마의 검투사들이 싸움을 벌였던 원형 극장은 폴 메카트니, 라디오헤드, 원디렉션 등 유명 뮤지션들이 공연하면서 베로나에서 가장 인기 높은 명소가 되었다.
광장을 지나 그란 과르디아 궁전에 가면 인상적인 17세기 건축물이 나온다. 광장의 남쪽에 위치한 궁전에는 한때 도시의 보초들이 거주했다고 한다. 브라 광장의 중심을 관통하는 핑크색의 대리석대로에는 비토리오 에마누엘레 2세의 기마상이 있다. 베로나의 자매 도시인 뮌헨이 선물한 알프스 분수도 보인다.

점심과 저녁에는 시민들이 만나는 만남의 장소가 되어, 테이블에 자리를 잡고 앉아 맛있는 현지 와인과 요리를 즐기는 장면을 곳곳에서 볼 수 있다. 이탈리안 살라미를 넣은 리조토는 베로나의 특산 요리이니 꼭 주문해 보자.

동부 피요르
The East fjords

한때 로마의 검투사들이 서로 죽을 때까지 싸웠던 유서 깊은 경기장에서 오페라, 록 콘서트, 연극 등을 볼 수 있는 장소이다. 베로나 스카이라인을 구분짓는 아레나 디 베로나는 세계 최대 규모의 로마 원형 극장이다. 기원 후 30년에 지어진 경기장은 베로나에서 가장 오래된 건물로 규모가 엄청나다. 매년 500,000명 이상의 베로나를 찾는 관광객이 놀라운 건축물에 압도당하면서 관광을 시작하게 된다. 온종일 원형 극장은 다채로운 빛깔을 띠는 것을 보면 한 번 더 놀라게 된다.

아레나 디 베로나는 흥망의 역사를 간직한 곳이다. 12세기에 베로나에 지진이 발생하여 경기장 건물의 4층 대부분이 소실되었다. 1913년 현지 오페라 가수인 '지오반니 제나텔로'가 경기장에서 야외 콘서트를 열면서 이곳은 다시 과거의 영광과 인기를 되찾게 되었다.

해가 지면 관중석에 촛불이 켜지면서 콘서트가 시작된다. 지금도 절묘한 음향 시설을 가진 원형 경기장에서 열리는 오페라 공연을 감상하기 위해 전 세계 사람들이 아레나 디 베로나를 찾고 있다. 무대에서 가장 먼 좌석에서도 모든 울림을 들으실 수 있다는 사실에 놀라게 된다.

베로나 카드

베로나의 관광지에 입장할 수 있는 베로나 카드를 사용하면 다른 시간대에 아레나에 다시 와서 다양한 분위기를 느낄 수 있다.

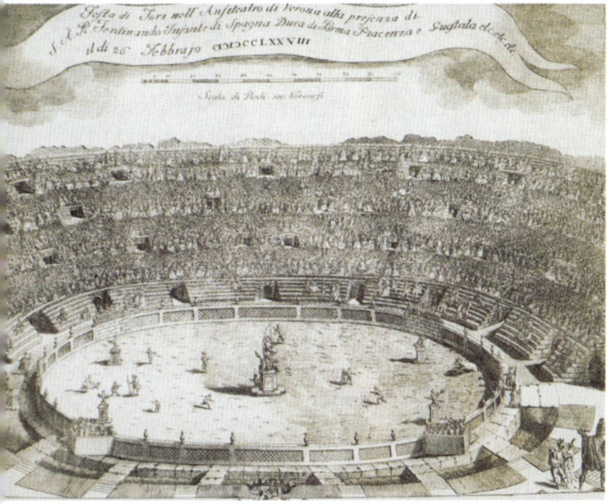

콘서트 티켓

매년 열리는 콘서트 티켓은 조기에 매진되므로 미리 티켓을 예매해야 볼 수 있다. 공연 시작 직전에 일부 티켓을 내놓기도 하므로 발품을 팔아 티켓을 구입할 수도 있다. 푹신한 좌석에 앉으려면 1층 좌석이 좋고, 현지인들과 어울려 돌계단 좌석에 앉아 콘서트를 구경해도 좋다.

에르베 광장
Piazza Erbe

언제나 활기가 넘치는 베로나의 중심에 위치한 에르베 광장에는 매일 시장이 열리며 베로나 최고의 레스토랑들이 몰려 있다. 광장 중심에는 매일 시장이 열리며 길가의 레스토랑, 바, 카페에는 야외 테이블과 의자가 놓여 있다. 시장 상인들이 손님을 부르는 시끌벅적한 분위기에서 이탈리아 전통 에스프레소를 마시며 광장을 둘러싼 건물들과 다양한 관광객을 볼 수 있다. 잠시라도 들러서 커피를 마시거나 저녁에 현지 요리와 함께 여행의 여유를 느낄 수 있다.

로마 시대 이후로 에르베 광장은 베로나 시민들에게 만남의 장소로 사용되어 왔다. 베로나의 많은 거리는 바로 광장과 이어지고 있다. 베로나의 대표적 엔터테인먼트 지역 중 하나인 이 에르베 광장에는 현지인들이 찾는 맛집들이 많다. 트러플 리조토와 바삭한 브루스케타는 인기 메뉴이다.
광장에 있는 시장에는 매일 저렴한 가격이라고 외치는 행상들이 신선한 농산물을 판매하고 있다. 구입을 하지 않아도 시장을 천천히 둘러보며 기념품 쇼핑도 즐기는 것도 좋은 방법이다. 광장에서 가장 눈에 띄는 건물은 바로크 양식의 팔라초 마페이이다. 근처에는 토레 델 가르델로 역사가 14세기로 거슬러 올라간다.

도시의 위용을 상징하는 날개달린 사자상과 광장의 한복판에는 에르베 광장의 중앙부 장식과 같은 마돈나 베로나 분수가 있다.

줄리엣 집
Casa di Giulietta

로미오와 줄리엣의 주인공이 살았다는 줄리엣 하우스에서 사랑하는 연인에게 낭만적으로 사랑을 고백하는 현장을 가끔 볼 수 있는 낭만적인 장소이다. 베로나의 유서 깊은 저택에서 로미오와 줄리엣의 애틋한 사랑 이야기를 보고 싶다면 재연해도 좋다. 옆의 관광객은 박수를 치면서 용기를 북돋아 줄 것이다.

로미오와 줄리엣의 주인공 중 한 명인 줄리엣이 살았던 집이라고 알려진 저택은 다양한 사진과 유물이 전시된 줄리엣 박물관으로 변화해 사용되고 있다. 줄리엣 하우스는 연인들이 찾는 인기 장소로 사랑하는 사람에게 낭만적인 사랑을 고백하기에 좋다.

줄리엣 하우스의 풍경
1. 줄리엣 하우스의 문에는 사랑의 증표로 자물쇠를 걸어놓은 것도 볼 수 있다. 자물쇠에 이름을 적으면 사랑하는 이와의 관계가 오래도록 지속된다고 믿게 된다.
2. 줄리엣 하우스로 이어지는 터널의 벽에는 사랑의 표현이 담긴 수백 개의 쪽지가 꽂혀 있다. 양옆의 짧은 터널 벽에 다양한 사랑의 메모들이 붙어있고, 터널을 지나 더 앞으로 이동하면 가운데 줄리엣의 동상이 서 있다.
3. 줄리엣의 동상 중 가슴을 손으로 만지면 행운이 온다고 한다. 이 작은 마당에는 로미오가 서서 줄리엣을 불렀다는 곳이 표시되어 있다. 발코니에 올라가 로미오와 줄리엣의 장면을 재연하는 커플을 많이 볼 것이다.

박물관
줄리엣의 집안인 카풀레티 가문에 대한 다양한 사진과 유물이 전시되어 있다. 기념품 가게에서는 로미오와 줄리엣을 테마로 하는 다양한 기념품을 구입하실 수 있고요. 줄리엣 하우스에서 멀지 않은 곳에 줄리엣의 무덤이 있다. 베로나의 여러 명소를 입장할 수 있는 베로나 카드를 구입하면 할인을 받을 수 있다.

산타 아나스타시아 성당
Basilica di Santa Anastasia

베로나의 대표적인 성당인 베로나 성당은 12세기에 지어진 이후, 다양한 건축 양식을 가진 역사적인 성당이다. 베로나에서 가장 신성한 장소로 여겨지는 베로나 성당에는 매년 수천 명의 방문객이 찾아와 기도를 드리고 아름다운 건축물을 감상한다.

당 안에는 작은 예배당이 있고 둥근 아치형의 천장에는 감탄이 절로 나오는 프레스코화가 그려져 있다. 멋진 조각 장식도 많아서 그림을 감상하기에도 좋지만 베로나의 주교가 집도하는 오전 미사에 참여하고 예배당에서 조용히 사색을 즐기면 만족스러운 경험이 될 것이다.

1117년 지진으로 파괴된 중세 시대 교회 위에 지어진 12세기 건물이지만 성당의 외관과 내부는 여러 차례 새로 보강되었다. 베로나 성당 주변을 거닐면 공사 과정에서 사용된 여러 건축 양식을 볼 수 있다. 교회 입구에는 수호신 동상이 여러 개 있어요. 높은 아치형 천장을 올려다보면 섬세한 르네상스 양식의 벽과 지붕을 감상할 수 있다. 성당의 정면은 고딕

양식의 창문이 꾸며주고 있고, 3개의 통로 사이로는 붉은색의 베로나 대리석으로 만든 기둥들이 보인다.

신도석을 따라 나 있는 3개의 통로 중 첫 번째 통로를 따라가면 성당 왼편의 작은 예배당인 카펠라 니케졸라가 나온다. 안으로 들어가면 티치아노의 성모 승천을 표현한 거대한 르네상스식 프레스코화를 만난다. 성당을 관통하여 계속 가면 성인 아가타의 석관이 있는 예배당을 포함하여 여러 다른 예배당을 볼 수 있다. 산 지오반니의 세례장도 구경하고 한 덩어리의 대리석을 깎아 만들었다는 세례반도 살펴보자. 세례장 옆에는 로마식 모자이크로 꾸며진 아담한 성녀 헬레나 예배당이 있다.

베로나 성당에는 주중 내내 미사가 열리므로 미사 시간에 방문하면 다른 사람들에게 방해가 되지 않도록 조심해야 한다.

Sirmione
시르미오네

면적 370㎢에 이르는 시르미오네Sirmione는 바다로 착각할 만큼 넓고 맑은 호수로 이탈리아의 3대 호수 중 하나이다. 가르다 호수의 남쪽 데센자노 델 가르다Desenzano del Garda와 페스키에라 델 가르다Peschiera del Garda의 사이에 있다. 북부 이탈리아의 롬바디리다Lombardy 지역에 있는 브레시아Brescia 지방에 속한다.

간략한 시르미오네 역사

기원전 1세기부터 시르미오네를 포함한 가르다 지역은 이탈리아 북동부의 로마 주요 도시였던 베로나에서 온 부유한 귀족들이 좋아하는 휴양지가 되었다.

로마 시대, 기원후 500년에 호수 남쪽을 방어하는 거점이 되었다. 로마가 멸망한 후, 롬바르드 족이 이탈리아 북부를 정복한 후에 도시는 왕에게 직속된 수도로 발전했다.

시르미오네의 매력

알프스 남부의 빙하로 생긴 가르다 호수를 따라 기원전 100년 전부터 귀족들의 별장지로 형성된 마을이다. 만년설 알프스도 있지만 호수 아래에 있는 유황 온천수로 인해 지금은 유럽인들의 휴양지로 유명하다. 빙하의 영향으로 독특한 코발트와 에메랄드 물 빛깔을 가지고 있어, 지금도 사랑받고 있다.

시르미오네 풍경

조용히 흐르는 평온한 가르다 호수 위에 호숫가 주변에는 일광욕을 즐기는 사람들과 유유자적 호수를 떠다니는 백조와 오리들을 보면 스위스의 넓디넓은 호수가 생각날 정도도 크다. 자유롭고 평화로운 호수 휴양지에서 자신을 생각해 보고 구시가지로 발길을 옮기면 활기찬 분위기에 사람들을 보고, 많은 호텔과 레스토랑, 카페, 다양한 상점들이 가득하여 어디서나 먹고 마시면서 쉴 수 있다.

한눈에 시르미오네 파악하기

같은 반도에는 물로 둘러싸인 상징적인 스칼리제라 성Scaligera Castle이 있다. 모퉁이 탑을 보고 도개교를 가로질러 성으로 들어갈 수 있다. 이동식 다리를 거쳐 성문으로 들어가면 왼쪽에는 아주 작은 산타 마리아 교회가 있고 그 앞으로 스칼리제라 성이 올려다 보이는 광장이 나온다. 어둠이 깔리기 시작하면 푸른 하늘과 어우러져 신비스러운 모습을 볼 수 있다.

8세기에 지어진 산 피에트로 교회Church of San Pietro를 비롯해 15세기에 지어진 산타마리아 마조레Santa Maria Maggiore도 아름답다. 성과 로마 유적지 이외에 시르미오네에는 온천이 있다. 호수의 온천으로부터 온수 수영장을 연결하는 아쿠아리아 스파 & 웰니스 센터Aquaria Spa and Wellness Center는 귀족들의 별장을 개선한 것이다.

가르다 호수
Lake Garda

시르미오네Sirmione는 성과 교회가 자리한 중세의 별장지로 다양한 고고학 유적지와 온천을 살펴보고 호숫가에서 걸으며 고풍스러운 느낌을 받을 수 있다.
이 지역은 기후가 쾌적해 겨울에도 온화하여 해를 쬐기 좋고, 여름에는 상쾌한 미풍이 불어 윈드서핑을 타기 적당하다. 호수에는 바다처럼 요트와 작은 배들이 다니고 여유롭게 산책을 즐기는 사람들을 볼 수 있다.

구시가지
Old Town

그림처럼 아름다운 풍경을 볼 수 있는, 구시가지는 호수 쪽으로 튀어나온 시르미오네 반도에 위치한다. 북쪽에는 카툴루스 그로토 Grotto of Catullus 의 유적이 있다. 로마 시대 별장의 흔적을 확인할 수 있고 호수 풍경을 사진에 담는 관광객들도 쉽게 볼 수 있다.

시르미오네 산책로
Sirmione walk road

스칼리제라 성 뒤쪽 구시가지로 2분 정도 걸어가면 파도 소리 들으며 걷는 산책로를 만날 수 있다. 산책로를 따라 걸어가면 시르미오네 반도를 돌 수 있게 형성되어 있다. 걷다보면 유황 냄새가 나기도 한다.

시르미오네 산책로를 둘러보고 구시가지를 발길 닿는 곳마다 걷다보면 호수의 전경이 자신을 멈춰 세울 것이다. 도보로 이동이 가능하고 마주하는 예쁜 건물들로 산책하는 재미가 쏠쏠하다. 모두 보려고 한다면 5시간은 소요될 정도로 볼거리가 많다.

스칼리제라 성
Castello Scaligero di Sirmione

길고 좁은 반도로 툭 튀어 나온 시르미오네로 들어가려면 스칼리제라^{Scaligera} 성문을 통과해야 한다. 13세기 시르미오네를 통치하고 있던 스칼라 가문이 요새화시킨 스칼리제라 성은 사면이 가르다 호수에 잠겨 있는 호수 위에 세워진 요새로 잘 보존된 이탈리아 성이다. 가르다 호수를 지배하기 위해 함대를 주둔시키고 무기를 저장하기도 했고, 선창을 만들어 배를 보호하고, 벽과 탑들은 적을 살필 수 있는 감시탑 등 방어에 뛰어난 구조로 지어졌다. 총 쏘는 구멍을 가진 벽으로 건축되어 있는 것을 보면 15세기 이후로 탑이 공격에 사용하기 위해 구멍을 만들어 사용되었다는 것을 알 수 있다. 지금은 성곽 전망대에서 내려다보는 시르미오네 전망은 매력적이다.

🌐 www.lombardia.beniculturali.it 🏠 Piazza Castello, 34
🕗 8시 30분~19시 30분(화~토요일 / 일요일 13시 30분까지 / 월요일 휴무 / 30분 전에 입장 가능)
€ 13€

그로테 디 카툴로
Geotte di Ctullo

시르미오네 반도의 최북단에 위치한 로마 시대 별장의 터를 마주하면 감탄사가 절로 나온다. 호화로운 건축물을 보다보면 가르다 호수에서 발견된 비너스 상을 보러 가는 것도 추천한다. 돌 틈, 모래 바닥 위에서 코를 찌르는 유황냄새와 뜨거운 온천수가 나오는 온천은 로마시대부터 귀족들에게 사랑받아왔다. 피로를 풀고 싶다면 앉아서 온천수에 발을 담그고 풍경을 바라보면서 육체적인 피로와 정신적인 피로를 풀면 좋다. 의외로 뜨거워 오래 앉아 있기는 힘들 것이다.

⌂ Grotte di Catullo, Piazza Orti Manara 4 　⏱ 8시 30분~19시 30분(일요일 18시30분까지) 　€ 12€

Como
코모

코모

COMO

코모는 밀라노에서 50㎞ 정도 떨어져 있어 밀라노 시민들이 차로 가는 휴양지이다. 밀라노에서 기차를 이용해 이동하는 경우가 많다. 스위스와의 국경으로 둘러싸여 코모 호수를 내려다보고 있는 코모는 카페 문화, 화려한 교회와 고급스러운 비단 무역이 매력적인 '비단의 도시'이다. 호수 옆 노천카페에 앉아 휴식을 취하면서 대규모 비단 생산지인 예술, 역사, 디자이너 실크와 직물 작품을 쉽게 볼 수 있다.

유서 깊은 거리를 따라 거닐며 화려하게 장식된 교회와 궁을 직접 보면서 우리가 알던 이탈리아와 다른 도시를 만날 수 있다. 호수에서 갓 잡은 신선한 민물고기인 '퍼치'(농어류) 요리가 유명한 리조토 알 페스체 페르시코 Risotto al Pesce Persico에서 식사를 즐기면서 여유를 만끽하자.

실크 교육 박물관을 방문하여 비단 직조법과 장인 정신의 역사에 대해 알아보자. 도시 곳곳의 비단 상점에 전시된 고급 비단의 질감과 무늬를 보는 것도 좋다. 산 페델레 광장에서는 코모의 유서 깊은 건축물을 보면서 16세기 프레스코화가 인상적인 로마네스크 양식의 산 페델레 교회를 방문한다.

코모 즐기기

여러 시대에 지어진 고급스러운 저택과 빌라가 가득한 코모에서는 건축적인 감탄이 절로 나온다. 오래된 건물들은 관광객 숙소로 사용되고 있는 경우가 많으며, 건물에 딸린 정원은 대중에게 개방되기도 한다. 나폴레옹이 묵었다는 빌라 올모에서 호숫가 공원을 거닐고 와인을 음미하는 것도 좋다. 광장의 레스토랑에 들러 현지 폴렌타polenta 요리와 햇볕에 말려 양념에 재운 생선 요리, 그리고 젤라토를 즐겨 보자.

이탈리아와 스위스 국경 지대의 롬바르디아에 위치한 코모는 코모 호수에 있는 마을 중 가장 크다. 코모에 여정을 풀고 보트 투어를 하면서 호수의 이곳저곳을 꾸미고 있는 타운과 마을을 둘러보고, 푸니쿨라를 타고 아름다운 호수의 풍경과 코모의 매력적인 건축물을 감상하다 보면 코모 뒤쪽 언덕에 있는 작은 마을 브루나테가 나온다. 브루나테에서 하이킹을 하면서 인근 마을까지 걸으면 길 위에 우거진 나무 사이로 믿을 수 없을 만큼 아름다운 경치를 엿볼 수 있다.

코모 호수
Como Lake

코모호수는 이탈리아의 수많은 그림 같은 호수들 중에서도 단연 최고로 손꼽힌다. 북부 이탈리아에 위치한 매력적인 여행지는 그림 같은 도시, 유서 깊은 건축물, 산악 경치, 수상스포츠까지 즐길 수 있는 천혜의 휴양지이다. 코모 호수는 이탈리아가 자랑하는 보석 같은 명소이다. 울창한 산맥이 감싸고 있는 깊고 푸른 호수 주변에는 매력적인 도시와 마을이 곳곳에 자리하고 있다.

로마 시대부터 휴양지로 많은 사랑을 받은 코모는 굽은 도로를 따라 거닐며 중세의 건물, 화려한 궁전, 전통의 피자리아와 아이스크림 상점을 구경할 수 있는 곳이다. 호화 리조트, 고산 마을과 조용한 어촌 마을에서 수상스포츠, 자전거를 타고 겨울에는 스키의 엑티비티를 즐길 수 있다.

호수 남서쪽 언저리에 위치한 성벽 도시인 코모로 이동하여 분위기 있는 역사 지구와 아름다운 빌라 올모를 둘러본다. 코모에서 케이블카를 타고 고산 마을인 브루나테를 방문하여 등산로도 걷고 아름다운 전망도 즐겨보자. 코모에서 한 시간 정도만 걸으면 16세기의 빌라 데스테와 100,000㎡ 규모의 정원인 케르노비오가 나온다. 소박한 매력의 아르제뇨에서는 호수 동쪽 너머로 보이는 아름다운 전망을 볼 수 있다.

코모 호수의 골든 트라이앵글Golden Triangle에서 벨라지오의 고급 리조트에는 해안 산책로와 자갈길을 따라 가면 화려한 궁전과 아름다운 풍경을 만나볼 수 있다. 울창한 언덕을 거닐

후 메나지오의 카페 광장에 앉아 휴식을 취한다. 바레나에서 지역의 중세 어업 역사에 대해 알 수 있다.

호수 남동쪽 구석에 있는 레코는 산악 경관과 로마네스크 양식의 건축물로 예술가들을 유혹한다. 인접한 발사시나는 겨울이 되면 인기 있는 스키 리조트로 변해 사람들로 북적인다. 북부 호안에 위치한 콜리코와 도마소는 활기 넘치는 수상스포츠 명소로 유명하다. 숨막히는 자연 속에서 카이트 서핑, 세일링과 윈드서핑을 즐기는 사람들을 볼 수 있다. 코모 호수는 휴가나 신혼여행을 고급 리조트에 묵으며 호수의 낭만적인 분위기에 취하려는 사람들이 많다.

트레메조
Tremezzo

트레메조로 가려면 코모에서 버스를 이용하거나 코모 호수에서 보트나 페리를 이용하여 이동한다. 코모 호수 서쪽 기슭에 위치한 한가로운 도시에는 아름다운 자연 경관, 한적한 등산로와 화려한 저택들을 볼 수 있다.

경이로운 건축물과 자연 풍경, 아름다운 산책로와 여유로운 카페 문화가 조화를 이루고 있는 도시이다. 매력적인 도시는 코모 호수의 중서부 호안을 따라 펼쳐져 있으며 뒤로는 크로초네 산Mount Crocione의 험준한 산봉우리가, 호수 너머로는 장대한 산맥이 장관을 이루고 있다.

트레메조는 코모 호수에서 가장 아름다운 저택들이 모여 있는 곳이다. 찬란한 빌라 카를로타의 내실은 18세기 말~19세기 초까지 활동한 이탈리아의 조각가, 안토니오 카노바Antonio Canova의 걸작들로 꾸며져 있다.
코모 호수의 많은 도시처럼 트레메조도 아름다운 산책로로 유명하다. 산책을 하면서 덧문이 달린 창문, 철제 발코니와 정면부의 회랑이 돋보이는 파스텔 톤의 우아한 저택들을 구경할 수 있다. 저택들은 현재 호텔, 상점, 카페, 아이스크림 상점과 피자리아로 이용되고 있다. 18세기의 산로렌조 교회를 비롯한 역사적인 건물들은 사람들의 마음을 들뜨게 만든다.

호숫가의 벤치에 앉아 벨라지오와 코모의 풍경이 한 눈이 들어오는 멋진 전망은 압권이다. 부두를 오가는 보트와 여객선을 보려면 보트 투어에 참여해 도시의 저택과 뒤로 보이는 산의 경치를 호수 위에서 바라보면 된다.

도심에서 크로초네 산기슭의 마을까지 이어진 산악로를 따라 가면 로가로Rogaro 마을이 나온다. 성모 마리아의 상징물이 보관되어 있는 산타 마리아 교회Chiesa di Santa Maria를 볼 수 있다.

트레메조와 호수의 전망이 바라 보이는 레스토랑에서 식사를 즐기고 산비탈 너머로 이어지는 등산로를 따라 이동하면 카데나비아와 그리안테Griante라는 마을이 나온다.

조대현

현재 스페인에 거주하면서 63개국, 198개 도시 이상을 여행하면서 강의와 여행 컨설팅, 잡지 등의 칼럼을 쓰고 있다. MBC TV특강 2회 출연(새로운 나를 찾아가는 여행, 자녀와 함께 하는 여행)과 꽃보다 청춘 아이슬란드에 아이슬란드 링로드가 나오면서 인기를 얻었고, 다양한 강의로 인기를 높이고 있으며 "해시태그" 여행시리즈를 집필하고 있다.

저서로 아이슬란드, 모로코, 가고시마, 발트 3국, 블라디보스토크, 조지아, 폴란드 등이 출간되었고 이탈리아, 오스트리아, 프랑스, 스페인 북부 등이 발간될 예정이다.

폴라 http://naver.me/xPEdID2t

신영아

프랑수와 사강(francoise sagan)에 매혹되어 무작정 날아가 살던 프랑스 파리에서 평생의 동반자를 만났다. 본인의 전공을 따라 해외대기업 회계팀에서 일하다가 과감히 퇴사하고 진정한 자아를 통한 삶을 찾기 위해 이탈리아 로마로 향했다. 이제는 로마를 제2의 고향으로 삼고 살고 있다. 밀라노에서 생활하면서 여행 작가와 다양한 창작 활동으로 자신의 삶에 좋아하는 코랄빛을 더해가고 있다.

이탈리아 알프스 & 북부

인쇄 l 2024년 6월 12일
발행 l 2024년 7월 10일

글 l 조대현
사진 l 조대현
펴낸곳 l 해시태그출판사
편집 · 교정 l 박수미
디자인 l 서희정

주소 l 서울시 강서구 허준로 175
이메일 l mlove9@naver.com

979-11-93839-41-6(03920)

- 가격은 뒤표지에 있습니다.
- 이 저작물의 무단전재와 무단복제를 금합니다.
- 파본은 구입하신 서점에서 교환해드립니다.

※ 일러두기 : 본 도서의 지명은 현지인의 발음에 의거하여 표기하였습니다.